Almuth Bartl

Schönes Wochenende mit Kindern!

Jede Menge Ideen und praktische Tipps für spannende und entspannte Stunden

Ökotopia Verlag, Münster

Die Autorin

Almuth Bartl ist Pädagogin und Autorin vieler, sehr erfolgreicher Kinderbeschäftigungsbücher, Elternratgeber und pädagogischer Fachliteratur. Bücher der Autorin wurden bereits in 30 Sprachen übersetzt. Almuth Bartl lebt mit ihrem Mann und ihren Kindern im Süden von München.

Impressum

Autorin: Almuth Bartl
Illustrationen: Boris Braun, Hamburg
Redaktion: Bernhard Schön, Idstein
Satz: Hain-Team, Bad Zwischenahn

© 2009 Ökotopia Verlag, Münster

1 2 3 4 5 6 7 8 9 • 14 13 12 11 10 09

ISBN 978-3-86702-073-2

Inhalt

Vorwort

Zwischen Hochstuhl und Hochschule liegen oft mehr als 1000 Wochenenden. Zeiten, in denen Wünsche, Erwartungen, Interessen, Träume, gute und schlechte Laune, müde und unternehmungslustige Geister aufeinander prallen. Zeiten aber auch für Erlebnisse, an die man sich lange erinnern wird. Zeiten, in denen Gespräche stattfinden und Einstellungen und Werte vermittelt werden, die richtungweisend im Leben der Kinder sind.

Wie bei so vielen anderen Gebieten auch, liegt der Schlüssel zum »schönen Wochenende« in der Bescheidenheit. »Weniger ist mehr« – das gilt an Wochenenden ganz besonders.

Ein mit Unternehmungen überfrachtetes Wochenende bietet keine Erholung. Ein langweiliges Wochenende schürt schlechte Laune und fördert unerwünschtes Verhalten. Darum ist auch hier das rechte Mittelmaß der Weg zu einem ausgeglichenen Familienleben und damit der Weg zum Glück.

Endlich Zeit und Ruhe, um mit den Kindern was zu unternehmen: Aber woher die Ideen nehmen, damit es auch für alle Beteiligten ein rundum schönes und ereignisreiches Wochenende wird? Ich habe Ihnen für alle Wechselfälle des Samstags und des Sonntags Anregungen aufgeschrieben, die kinderleicht umzusetzen sind und auch noch Spaß machen:

Auf ein schönes Wochenende!

1.
Morgenstund ist aller Späße Anfang

*E*s gibt eine Tageszeit, in der das Zusammenleben mit Kindern
in der Pubertät weitaus einfacher und harmonischer ist als das mit Kleinkin-
dern: am Sonntagmorgen. Während man sicher sein kann, dass die Großen
bis Mittag liegen bleiben und auch dann nur unwillig ihr Lager verlassen,
watschelt der Jüngste sonntags noch eine halbe Stunde früher als während
der Woche ins Elternschlafzimmer. Machen Sie sich keine Illusionen. Auch
mit den folgenden Tricks werden Sie nicht wesentlich länger in den Federn
bleiben können, aber für ein halbes Stündchen könnte es reichen – und das
ist ein wahres Glücksgefühl am Sonntagmorgen um halb sieben ...

Die Räuberhöhle

Richten Sie am Vorabend Decken, Bettlaken, Polster und Kissen her, und erlauben Sie den kleinen Räubern, eine Räuberhöhle im Wohnzimmer zu bauen.

Frühstück für Kuscheltiere

Bevor die Familie das Sonntagsfrühstück einnimmt, müssen selbstverständlich erst mal alle Kuscheltiere gefüttert werden! Am Samstagabend wird das Puppengeschirr hergerichtet und die Speisenfolge (z. B. Wasser und Kekse) festgelegt. Es dauert sicherlich ein Weilchen, bis alle hungrigen Kuscheltierbäuche gefüllt sind!

Ich hab geträumt heut Nacht . . .

Am Sonntagmorgen gibt es keinen Stress. Also können die kleinen Frühauf-

Das kann ich alles selber

Auch Kindergartenkinder können schon viele Dinge selbst erledigen und fühlen sich sehr erwachsen, wenn sie z. B. den Tisch decken oder die Kaffeemaschine einschalten dürfen. Übertragen Sie so viele Tätigkeiten wie möglich auf Ihre Kinder. Nur wer sich selbst in die alltäglichen Abläufe einbringen kann, fühlt sich wichtig, tritt aus der Rolle des Konsumenten in die Rolle des verantwortlichen Gestalters und entwickelt Selbstbewusstsein.

steher noch ein Weilchen ins Elternbett zum Kuscheln kommen. Die richtige Zeit, um Mama und Papa den Traum der letzten Nacht zu erzählen und den Traumberichten der anderen Familienmitglieder zu lauschen.

Die Kissenschlacht

Kissenschlachten haben etwas herrlich Befreiendes an sich. Es ist schon toll, wenn man dabei als Vierjähriger seinem mächtigen, alles wissenden Papa so ein Kissen auf den Kopf hauen darf! Am Sonntagmorgen greift sich einer ein Kissen und wirft es ganz sachte einem kleinen oder großen Morgenmonster auf den Kopf. Alle weiteren Impulse erübrigen sich. Das Kissen fliegt bestimmt gleich zurück, und dann kommt noch eines und noch eines – Hiiilfe!

Frühstück bei Sonnenaufgang

Ein Sonnenaufgang ist ein wundervolles Naturerlebnis, das man leider fast jeden Tag versäumt. Am nächsten Wochenende, für das schönes Wetter angesagt ist, soll das anders werden. Erkundigen Sie sich, wann die Sonne aufgehen wird, packen Sie am Abend zuvor alles Nötige für ein gemütliches Frühstück in den Picknickkorb, und stellen Sie den Wecker! Es ist spannend, wenn sich die ganze Familie noch bei Dunkelheit ins Auto setzt, um zu einer schönen Stelle zu fahren, von der aus man den Sonnenaufgang besonders gut beobachten kann.

Tipp: Genießen Sie so ein Sonnenaufgangsfrühstück unbedingt mal in den Ferien in einer fremden Umgebung. Egal ob auf einer Senneralm in den Schweizer Bergen oder am Strand in Thailand: Sie werden das Land, seine Landschaft und die Menschen viel besser und intensiver kennen und schätzen lernen.

Der Mini-Kuchen für Stars

Den Sonntagskuchen gibt es natürlich erst am Nachmittag. Aber wenn schon gebacken wird, kann man ja einen Mini-Kuchen zusätzlich machen, der dann morgens dem »Star« der Familie ans Bett gebracht wird. Ein »Star« wird z. B. ein Geburtstagskind oder wer in der vergangenen Woche etwas Besonderes geleistet hat. Hier werden vor allem sozia-

Der Frühstückstisch

Frühstücken Sie mit dem Sonntagsgeschirr! Wählen Sie eine besondere Tischdecke oder Sets, die es nur zu besonderen Anlässen gibt. Auch schon dieser kleine Unterschied zum Alltag zeigt den Kindern an, dass das Wochenende eben anders ist als die Werktage. Regen Sie die Kinder dazu an, den Tisch nach Lust und Laune zu schmücken, und genießen Sie dann ein Frühstück zwischen Blumenkränzen, Legotürmen und selbst gemalten Tischkarten – oder was Ihre Familie sonst favorisiert.

le Taten hervorgehoben, z. B. ein Kind, das seinen kranken Banknachbarn jeden Tag mit den Neuigkeiten aus der Schule versorgt hat.

Ein Elefant zum Frühstück

Um das nächste Sonntagsfrühstück ein bisschen »aufzupeppen«, probieren Sie doch einfach mal diese fantastischen Pfannkuchen:

So geht's: dünnen Pfannkuchenteig herstellen und in einer Pfanne Fett zum Ausbacken erhitzen. Den Pfannkuchenteig in eine Plastikflasche mit dünnem Ausgießloch füllen und mit der Flasche Buchstaben, Zahlen, Kringel und einfache Tierfiguren in die Pfanne spritzen. Die Gebilde mit einem Schaumlöffel aus dem Fett heben, sobald sie goldbraun geworden sind. Mit Puderzucker bestäuben und schnell auf den Tisch bringen.

Klar, dass die kleinen und großen Esser auch ein paar Extrawünsche anmelden dürfen: Lisa würde zu gerne mal einen Elefanten frühstücken. Kein Problem, mit Pfannkuchenteig und einer gehörigen Portion Fantasie bekommt sie den Wunsch gebacken. Timo will ein Monster, und die Mama will die Freiheitsstatue frühstücken. Das bringt den backenden Papa zwar ein bisschen ins Schwitzen, aber schließlich wird auch dieser Wunsch erfüllt.

Frühstück a. a. O.

Frühstücken Sie doch mal woanders! z. B. auf dem Balkon, unter dem Esszimmertisch, im Elternbett oder auf dem Kinderzimmerteppich!

Das Sonntagsfrühstück-Memory

Wenn die ganze Familie gemütlich um den Frühstückstisch sitzt, ist der geeignete Moment für dieses Gedächtnis-

Das macht mir Angst

Kinder bekommen alles mit, auch die aktuellen Weltnachrichten. Allerdings verstehen sie oft nicht, was da gerade los ist, wo sich der Vorfall abspielt und warum. Nutzen Sie das Wochenende, um mit Ihren Kindern über solche Nachrichten zu sprechen. Erklären Sie den Sachverhalt in einer dem Alter der Kinder entsprechenden Weise. Suchen Sie den Ort des Geschehens auf einer Landkarte. Suchen Sie zuerst den Heimatort auf und dann den Ort des Geschehens. Googeln Sie ggf. zusammen mit dem Kind nach mehr Information aus dem Internet.

spiel gekommen. Alle prägen sich ein, was da so alles auf dem Tisch steht. Dann wird ein Spieler ausgewählt, der sich mit fest zugekniffenen Augen umdrehen muss. Vorsichtig und möglichst ohne jedes Geräusch nimmt nun jedes dern anderen Familienmitglieder einen Gegenstand vom Tisch und verwahrt ihn auf seinem Schoß oder auf dem Boden.

Nun darf sich der Rater wieder umdrehen, die restlichen Dinge auf dem Tisch kontrollieren und sagen, was alles fehlt. Die genannten Dinge werden aus ihren Verstecken geholt. Hat der Rater bei dem einen oder anderen Gegenstand Schwierigkeiten, so helfen wir gemeinsam, indem wir kleine Hinweise geben oder die versteckten Dinge mit einem Kaffeelöffel unter dem Tisch anschlagen. Die Geräusche machen das Erraten natürlich leichter.

Die Routine durchbrechen

Egal womit Ihr Kind immer wieder Probleme hat, versuchen Sie heute einmal, die Routine zu durchbrechen! Wer morgens ständig Schwierigkeiten macht, sich die Zähne zu putzen, der darf sie heute mal draußen im Garten säubern. Um was es sich auch handelt: Führen Sie mit Ihrem Kind keinen Krieg an alten Fronten! Versuchen Sie immer, ein Problem auf lockere, spielerische Weise und mit einem Lächeln zu lösen.

Morgenstund hat Gold im Mund

Beim Frühstück darf jeder sagen, worauf er sich heute ganz besonders freut, bzw. was das Besondere an diesem Tag ist. Also vielleicht: »Heute ist mein Lieblingstag, weil endlich die Oma kommt.« oder »Heute ist mein Lieblingstag, weil der Frühling beginnt und ich keine Strumpfhose mehr anziehen muss.« So findet jeder etwas Tolles an diesem Tag, lässt sich durch die Vorfreude der anderen anstecken und begegnet den nächsten Stunden mit Zuversicht.

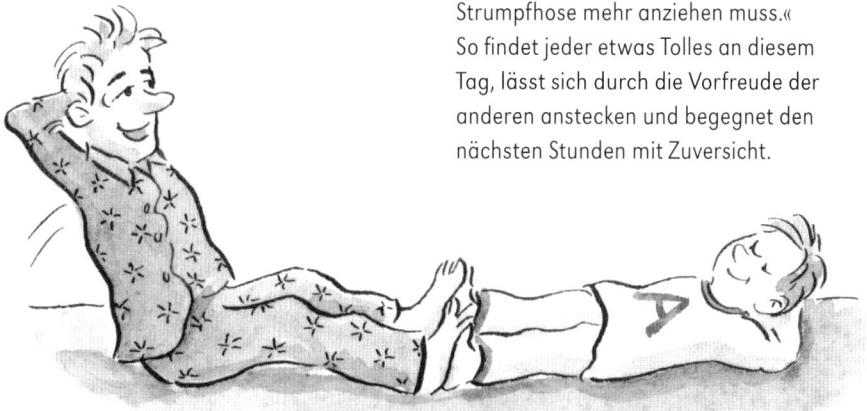

Raus aus den Alltagsklamotten!

Nein, jetzt ist nicht steife Sonntagskleidung gemeint, sondern fröhliche, bunte und vor allem superbequeme Freizeitkleidung. Natürlich kann man sich dann für das Abendessen am Sonntag zu Hause oder vielleicht auch mal im Restaurant besonders schick anziehen. Wichtig ist nur, dass es auch in Sachen Kleidung einen Unterschied zwischen Werktag und Wochenende gibt.

Guten Morgen!

Zwei Sportler liegen so auf dem Rücken, dass ihre Fußflächen aneinander liegen. Jeder verschränkt seine Arme unter seinem Kopf. Jetzt spannt ein Spieler seine Bauchmuskeln kräftig an, schnellt mit dem Oberkörper nach oben, schaut seinen Spielpartner an und sagt schnell »Guten Morgen!«, bevor er sich langsam wieder zurücklegt. Dann ist der Partner an der Reihe, das Gleiche zu tun. So geht es möglichst schnell immer weiter, bis jeder fünfmal seinem Spielpartner einen »Guten Morgen« gewünscht hat und die Bauchmuskeln der beiden dringend eine Pause brauchen.

Auf die Kleidung, fertig, los!

Die Familienmitglieder stehen in Schlafanzügen am Start (z. B. im Flur oder vor dem Badezimmer). Dann heißt es: »Auf die Kleidung, fertig, los!« Sofort rennen alle los und ziehen sich so schnell wie möglich um. Wer fertig ist, rennt zur Ausgangslinie im Flur zurück und schreit gut vernehmlich »Fertig!«. So treffen nacheinander alle Familienmitglieder ein. Wer zuletzt ankommt, hat leider verloren und deckt den Frühstückstisch oder erfüllt eine andere kleine Aufgabe für die Familie.

2.
Familie & Co.

Großeltern, Tanten und überhaupt die ganze Familie hockt am Wochenende öfter mal aufeinander, und das ist ungewohnt und führt manchmal zum Ausnahmezustand. Da bietet sich kleine Kniffe zur Auflockerung an, die den Besuch von Oma für beide Seiten angenehm machen und die Familienfeier ohne Stress vorübergehen lassen.

Eine schrecklich nette Familie

Viel interessanter und lustiger als jede Fernseh-Familie ist die eigene.

Alle Familienmitglieder können am nächsten Wochenende mit Videokamera, Fotoapparaten, Notizblock und Stift bewaffnet das »ganz gewöhnliche« Wochenende einer ungewöhnlichen Familie dokumentieren: Wer steht zuletzt auf? Was gibt's zum Frühstück? Wer füttert den Hund? In welcher verschwiegenen Ecke telefoniert die große Schwester?

Am Sonntagabend werden die Ergebnisse vorgeführt und die »Highlights« dieses Wochenendes vorgelesen, z. B.: »Philipp verlor den ersten Schneidezahn, gewann aber trotzdem das Tischtennismatch.«

Die Familienkonferenz

Viele Probleme und Sorgen in der Familie können von vornherein vermieden werden, wenn alle Familienmitglieder rechtzeitig über die eine und andere Begebenheit reden.

Mit einer regelmäßigen Familienkonferenz, bspw. am Sonntagvormittag, begegnet man solchen Problemen frühzeitig.

Es muss sich ja nicht immer gleich um Probleme handeln. Da können vielleicht auch Fragen wie »Kaufen wir dieses Jahr Silvesterraketen oder verzichten wir zugunsten einer Spende an die Organisation xy darauf?« geklärt werden.

Die einzelnen Punkte werden diskutiert, es wird gleichberechtigt abgestimmt, die Beschlüsse werden ggf. aufgeschrieben und von allen unterzeichnet. Das ist besonders dann empfehlenswert, wenn sich ein oder mehrere »vergessliche« Teenager in der Familie befinden.

Ein Autogramm, bitte!

Auf großen Familienfeiern kann man prima Autogramme sammeln. Das Kind bekommt ein kleines Schulheft und sorgt selbst dafür, dass es schnell voll wird.

Besonders nett wäre es natürlich, wenn Tante Margret noch etwas Lustiges für das Kind dazuschreibt oder Onkel Bernhard, der Familienillustrator, sein Autogramm mit einem Bild verschönert.

Das Familien-Mobile

Wie schön, wenn alle das Gefühl haben zusammenzugehören und jeder Einzelne eine wichtige Rolle in dieser Familie spielt. Ein Mobile mit Fotos aller Familienmitglieder, inklusive Hund und Meerschwein, ist nicht nur ein Schmuck für die Wohnung, sondern zeigt gerade den Kindern, bei denen vielleicht anderswo etwas zerbricht (die beste Freundin zieht weg, der Opa ist gestorben ...) , dass da ein starker Zusammenhalt ist, zu dem man gehört.

Großeltern-Tag

In vielen Familien ist es Brauch, die Großeltern am Wochenende einzuladen, bspw. zum Sonntagnachmittag-Kaffee. Bei dieser Einladung kann natürlich die ganze Familie mithelfen. Der große Bruder bietet vielleicht einen »Taxi-Service« an und holt die Großeltern von zu Hause ab. Kleinere Geschwister

Auch Eltern brauchen Freiräume!

Wer die Woche über berufstätig ist und kaum Zeit für die Familie hat, will das natürlich am Wochenende nachholen. Aber auch so ein Wochenende hat nur zwei Tage! Da ist der Haushalt, den man während der Woche nicht geschafft hat, dann gibt's die vielen Aktivitäten mit den Kindern, Freundschaften wollen gepflegt werden ... Oft bleibt da die Partnerschaft auf der Strecke. Aber auch die braucht Zeit und Pflege.

Zeit füreinander – damit sind nicht die Gespräche über die schlechten Noten der Kinder gemeint. Eltern haben das Recht, eine gewisse Zeit miteinander zu verbringen, ganz ohne die Kinder und ohne ein schlechtes Gewissen. Darüber hinaus muss auch Freiraum da sein, um seinen Hobbys und Interessen alleine nachgehen zu können. Anstatt dem Partner Vorwürfe zu machen (»Jetzt sitzt du schon wieder an deinem blöden Computer!«), sollte eigentlich jeder Partner von sich aus darauf achten, dass der andere sich nicht nur noch für Beruf, Kinder und Haushalt interessiert.

Wie erreicht man das?

- *Wechseln Sie sich ab bei der Beschäftigung mit dem Kind: Einmal spielt es mit der Mutter, einmal mit dem Vater, einmal mit den Geschwistern oder Freunden und einmal auch allein.*
- *Lassen Sie sich in dieser kurzen »Freizeit« nicht von Ihrem Vorhaben weglocken! Das Kind lernt dabei, die Arbeit bzw. die Beschäftigung der Eltern zu respektieren.*
- *Ihr Kind kann einige Stunden bei einem Freund verbringen. Natürlich darf dann der Freund auch zu Ihnen kommen. Das Kind lernt dabei nicht nur, sich mit Gleichaltrigen auseinanderzusetzen, es lernt auch die unterschiedlichen Verhaltensweisen, Werte und Vorlieben anderer Eltern kennen.*

vielleicht den neuesten Witz, die kleine Schwester beschreibt das Bild, das sie im Kindergarten gemalt hat, einer liest z. B. seinen letzten Deutschaufsatz vor oder überspielt den absoluten »Wahnsinnshit«. Wetten, dass sich die Großeltern freuen?

Familienfeier

Eine Familienfeier kann für ein kleines Kind überwältigend und erschreckend sein. Nicht selten »rasten« Kinder prompt auf solchen Feiern aus, und ein normalerweise braves Kind wirft mit Keksen, beißt Tanten und schreit Schimpfwörter, von denen man keine Ahnung hatte, dass sie in seinem Sprachschatz vorkommen.

Eine gute Möglichkeit, das Kind auf die bevorstehende Feier vorzubereiten, besteht darin, die kommenden Ereignisse mit Kuscheltieren und Puppen mehrmals durchzuspielen.

Zeigen Sie dem Kind Fotos der erwarteten Personen und erzählen Sie ihm etwas über die Tanten und Onkel, ihre Vorlieben und Besonderheiten.

Jedes Familienmitglied – auch schon ein Kindergartenkind – kann einen Teil der Festvorbereitungen übernehmen. Für ein Kind ist dieses Mithelfen ganz wichtig. So kann es vielleicht die Servietten falten, das Besteck abzählen, einen Blumenstrauß pflücken ...

malen und verzieren Tischkärtchen. Manchmal wohnen die Großeltern aber zu weit weg für regelmäßige Einladungen. Dann wäre es nett, wenn die Familie gemeinsam einen Brief oder eine Karte schreibt oder die Großeltern einfach mal anruft.

Ältere Leute haben oft Probleme mit den Augen. Wenn dies so ist, gibt es noch eine andere Art, den Großeltern »Liebe Grüße« zukommen zu lassen, nämlich mit einer

Grußkonserve

Alles, was man dazu braucht, ist ein Kassettenrekorder (auch die Großeltern!), eine Leerkassette und ein paar lustige Ideen. Wer technisch versierte Großeltern hat, produziert die Hörkonserve am Computer. Zuerst kann jedes Familienmitglied ein paar Grüße ins Mikro sprechen, von der vergangenen Woche berichten. Der große Bruder erzählt

Mäuschen »Unbekannt«

Einem Kind werden die Augen verbunden. Um dieses Kind herum bilden die übrigen Familienmitglieder einen großen Kreis. Dann gibt der Spielleiter einem »Mäuschen« ein Zeichen. Das »Mäuschen« trippelt einmal um den »Blinden« herum und stellt sich an eine beliebige Stelle in den Kreis. So, nun soll der »Blinde« raten, wer das »Mäuschen« war. Stimmt seine Vermutung, tauscht er mit dem »Mäuschen« Rolle und Platz. Hat er falsch geraten, wird das »Mäuschen« aufgefordert zu krähen oder zu quaken oder einen schaurigen Gespensterschrei von sich zu geben. Na, vielleicht ist das »Mäuschen« ja nun besser zu erkennen.

Wir machen einen Besuch

Hier ist nicht der Besuch bei der lieben Oma gemeint, auf den sich die Kinder schon seit Tagen freuen, sondern solche Visiten, die den Kindern voraussichtlich wenig Spaß machen werden.

- *Sind solche Besuche mit Kindern wirklich nicht zu vermeiden, so sollte man sie wenigstens so kurz wie möglich halten!*
- *Kinder und Erwachsene überlegen auf der Fahrt gemeinsam, worüber die Kinder mit den besuchten Personen sprechen könnten. Bestimmt gibt es irgendetwas Neues aus der Schule, dem Kindergarten oder von zu Hause zu berichten. Vielleicht auch ein neues Spiel- oder Sportgerät, von dem man erzählen kann?*
- *Welches Verhalten der Kinder erwartet die besuchte Person, was erwarten die Eltern?*
- *Kein Kuss für Tante Berta! Liebkosungen sollten stets ein Ausdruck wirklicher, echter Zuneigung sein. Verlangen Sie niemals, dass solche Zuneigung geheuchelt wird!*

Geschichte durch Geschichten

Geschichten vorlesen ist in vielen Familien aus der Mode gekommen. Wie schade! Dabei würden jüngere Kinder eine gemütliche Geschichtenrunde fast immer dem Fernsehen vorziehen.

Die Winterabende eignen sich am besten dazu. Holen Sie ein altes Märchenbuch aus dem Regal oder ein Kinderbuch, das Sie selbst gerne gelesen haben, mummeln Sie sich nebst der Kinderschar warm in Decken ein, und dann geht's los.

Besonders interessant wird es, wenn Kinder, die schon selber lesen können, einen Absatz vorlesen oder gar eine geeignete Geschichte mit verteilten Rollen gelesen wird. Hin und wieder eine kleine Pause und die Frage an die Kinder, wie die Geschichte wohl weitergehen wird, regt die Fantasie der kleinen Zuhörer noch zusätzlich an.

Aufgaben-Verlosung

Alle Aufgaben, die von allen Familienmitgliedern übernommen werden können (Bad sauber machen, Straße kehren ...), schreibt man auf kleine Zettel, faltet sie zusammen und bittet dann die Teilnehmer zur spannenden Aufgabenverlosung. Jeder zieht ein Los oder je nachdem auch mehrere und macht sich an die Arbeit.

Extratipps: *Lose tauschen ist ausdrücklich erlaubt.*

Wenn eine kleine Belohnung am Ende winkt, z. B. ein Blitzbesuch in der nächsten Eisdiele, macht das Ganze noch viel mehr Spaß.

Übrigens: Noch viel interessanter als die Märchen der Brüder Grimm oder die Geschichten von Astrid Lindgren sind die selbst erlebten oder selbst erfundenen! Kinder hören leidenschaftlich gerne Geschichten aus dem Leben der Eltern und Großeltern. Da wird dann hautnah Geschichte gelernt. Viele Dinge begreifen Kinder und Jugendliche besser, wenn sie durch die Geschichten die Allgemeinsituation verstehen lernen.

Der Familienbaum

Wer einen eigenen Garten besitzt, sollte am Samstagvormittag mit der ganzen Familie ins Gartencenter fahren und dort gemeinsam ein Bäumchen aussuchen, das in Zukunft als »Familienbaum« gehegt und gepflegt wird.

Am Nachmittag wird dann das Pflanzloch ausgehoben. Wer es ganz besonders spannend machen will, fordert jedes Familienmitglied auf, etwas von sich in das Pflanzloch zu legen, z. B. eine Haarlocke, ein Pfennigstück usw. Dann wird das Bäumchen eingepflanzt. Die ganze Familie stellt sich daneben und lässt sich schließlich vom Nachbarn fotografieren.

Das Heimwerker-Wochenende

Nein, diesmal ist kein gemütliches Bastelwochenende gemeint!

Diesmal sollen all diese kleinen »Macken« im Haus, Keller und Garten repariert werden. Wenn alle Familienmitglieder mitmachen, kann das trotzdem lustig werden und mit Sicherheit die Familie um die Einsicht bereichern, dass hier jeder gebraucht wird und jeder einen wichtigen Teil zum gelungenen Zusammenleben beiträgt.

Auch die Kinder können reparieren oder zumindest bei diversen Reparaturen helfen. Aber bevor Sie anfangen, machen Sie eine Liste. Jeder darf sagen, was seiner Meinung nach dringend repariert werden muss, z. B. der abgerissene Arm vom Teddy oder die rausgesprungene Fahrradkette. Ein anderer trägt in die Liste ein, dass seine Schreibtischlampe einen Wackelkontakt hat, der Knauf der Besteckschublade angeschraubt werden muss usw.

Jetzt werden noch die notwendigen Materialien eingekauft, damit es dann ab Samstagnachmittag richtig losgehen kann. Ist die Arbeit getan, kann man die Handwerker ja vielleicht am Sonntagabend mit einem Besuch in der Pizzeria belohnen.

Feueralarm

An solche Dinge wie Feueralarm denkt man immer erst, wenn es zu spät ist. Darum sollten Sie sich an einem Wochenende einmal Zeit nehmen und mit allen Familienmitgliedern einen Feuer-

♥ Wie verhalte ich mich, wenn ich nicht mehr aus meinem Zimmer komme?

Wichtig: Bringen Sie jedem Kind die Telefonnummer der Feuerwehr bei!

Tipp: Rufen Sie bei der örtlichen Feuerwehr an, und fragen Sie nach Informationsmaterial!

Wochenend-Telefonitis

Da unter der Woche sowohl die Erwachsenen als auch viele Kinder »im

alarm durchspielen. Besprochen werden solche Dinge wie:

♥ Wie kann ich das Haus verlassen, wenn es nicht möglich ist, durch die Haustür nach draußen zu gelangen? Was darf man im Falle eines Feuers auf keinen Fall tun?

Stress« sind, empfiehlt sich das Wochenende für ausgiebige Unterhaltung am Telefon und fröhliche E-Mail-Kommunikation.

Geschiedene Elternteile sollten nicht vergessen, dass sie über die normalen Umgangswochenenden hinaus ja auch noch per Telefon und E-Mail Kontakt zum Kind halten können.

Übrigens: Auch Omas und Opas von geschiedenen Elternteilen sind meistens überglücklich, wenn das Enkelkind anruft oder mailt.

Der Tag der Rekorde

Am „Tag der Rekorde" stellt man mit seiner Familie möglichst viele lustige Rekorde auf. Wer kann am längsten auf einem Bein hüpfen? Wer verdrückt beim Mittagessen die meisten Pfannkuchen? Wer wirft Opas Gummistiefel am weitesten? Die Rekorde werden in einem kleinen Heftchen notiert, mit Namen der Mitspieler und Datum versehen. Am nächsten „Tag der Rekorde" versuchen dann alle, die aufgestellten Rekorde noch zu überbieten.

So wie du

Jeder überlegt sich, was das Lustigste war, das seiner Ansicht nach die Mama, der Papa, die große Schwester ... an diesem Wochenende (in diesem Jahr oder jemals) getan hat. Wie hat sie oder er dabei ausgesehen, was haben die anderen für Gesichter gemacht? Na, da kommen die tollsten Dinge heraus. Das Geschehen wird in den buntesten Farben ausgemalt, und alle erinnern sich, wie lustig es war.

3
Mit Schwung durch den Tag

Kinder wollen nicht still sitzen. Sie bersten vor Energie und wollen sich bewegen und aktiv sein. Für Eltern ist es oft nicht einfach, ihren quicklebendigen Kindern genügend Anregungen zu bieten, die ihr Bedürfnis nach Bewegung stillen. Wenn Kinder toben, tun sie eigentlich das Beste für ihre Entwicklung. Die Bewegung bringt den Kreislauf in Schwung, stählt die Muskeln, trainiert die Motorik und regt das Knochenwachstum an. Gleichzeitig mit der körperlichen Geschicklichkeit wächst das Selbstwertgefühl. Wenn nun die Bewegung auch noch zusammen mit Freunden oder Familienmitgliedern stattfindet, lernt das Kind auch soziale Tugenden wie Einordnung und Rücksichtnahme und entwickelt Teamgeist.

Es ist Zeit!

Einer ruft: »Es ist Zeit zu klatschen!«, und alle folgen dem Aufruf und klatschen. Aber schon ruft ein anderer: »Es ist Zeit zu hüpfen!« Jetzt hüpfen alle vergnügt durch die Gegend. Aber noch nicht genug, jetzt heißt es: »Es ist Zeit, den Bauch zu reiben!«, oder Zeit zu singen, zu lachen, ein Stück des Weges auf allen Vieren zu gehen und was den Familienmitgliedern sonst noch so alles einfällt.

Körper fit, Seele fit

Schlechte Laune bekommt man gerade bei Kindern am schnellsten los, wenn man ihnen Möglichkeiten zur Bewegung gibt, denn körperliches Wohlbefinden wirkt sich immer positiv auf die Gemütsverfassung aus. Anfangs bedarf es manchmal schon eines gewissen Drucks und viel Motivation, um die »Couchpotatoes« aus ihrer Trübsal zu locken, aber ist das einmal geschafft, verziehen sich schnell die Wolken, und dann heißt es nur noch: »Aus der Bahn!«

Die Kofferjagd

Ein sehr lustiges Spiel für möglichst viele Teilnehmer. Als Material braucht man einen alten Koffer.

Dann wird ein Fänger bestimmt. Der rennt den anderen hinterher und schlägt sie ab. Wer vom Jäger berührt wird, bleibt wie angewurzelt stehen. Wer aber gerade den Koffer mit sich schleppt, darf nicht abgeschlagen werden.

Der Jäger hat seine Arbeit geleistet, wenn er alle bis auf den derzeitigen Kofferträger in starre Säulen verwandelt. Er hat verloren, wenn ihm vorher die Puste ausgeht.

Drachensteigen

Einen Drachen steigen zu lassen, macht zu jeder Jahreszeit Spaß, aber es scheint den meisten Menschen immer nur im Herbst einzufallen. So ein Drachen fliegt z. B. ganz besonders toll auch im Sommer am Strand!

Fingerringen

Zwei Kinder können bei diesem Spiel ihre Kräfte messen. Die beiden Sportler setzen sich einander gegenüber an einen Tisch, legen ihre rechten Arme (Linkshänder den linken Arm) auf den Tisch und haken ihre Zeigefinger in einen Vorhangring ein. Sobald das Startzeichen gegeben wird, versucht jeder, sein Gegenüber »über den Tisch« zu ziehen. Anfeuerungsrufe der Zuschauer

Schneckenhaus mit Hinterausgang

Viele Familien bleiben am Wochenende gerne unter sich. Das ist verständlich, wenn unter der Woche das Familienleben oft zu kurz kommt. Aber das ganze Wochenende strikt zusammenzuhocken, strapaziert die Harmonie. Besonders erlebnishungrige Kinder brauchen außer den Eltern und Geschwistern noch mehr Impulse von außen, seitens der Großeltern z. B., der besten Freunde oder der Nachbarskinder. Und dass die Eltern ein Recht auf »freie Zeit« haben, darüber habe ich schon weiter oben geschrieben (s. Seite 13).

sind natürlich bei diesem Wettkampf besonders wichtig.

Tipp: Tritt ein starkes Kind gegen ein schwächeres an, darf der Große nur seinen kleinen Finger einhaken, der Kleine dagegen darf so viele Finger benutzen wie er will.

Die Schattenjagd

Für eine Schattenjagd muss natürlich die Sonne kräftig scheinen. Ein Kind wird

zum Jäger bestimmt, der die Hasen kreuz und quer über das asphaltierte Gelände jagt, bis es ihm gelingt, auf den Schatten eines Hasen zu treten. Dann ist dieser Hase gefangen und muss stehen bleiben. Der Jäger fängt auf diese Weise einen Hasen nach dem anderen. Wenn nur noch ein einziges Hoppeltier übrig ist, wird es noch einmal spannend: Dieses zähe Häschen darf nämlich jetzt andere erlösen, indem es sie antippt. Nun hat der Jäger also wieder zwei und mehr Beutetiere einzufangen. Der Jäger hat gewonnen, wenn es ihm gelingt, alle Hasen zu fangen.

Tippen

Jedes Familienmitglied bekommt einen Ball und soll ihn vor oder neben sich auf der Stelle auftippen. Eine Minute lang mit der rechten Hand und eine Minute mit der linken. Eine einfache Übung, bei der das Zusammenspiel zwischen Hand und Gehirn geübt wird.

An der Sonnenlicht-Tankstelle

Licht heilt, gibt gute Laune und tut dem ganzen Körper gut. Gönnen Sie sich und Ihren Kindern an jedem Wochenende so ein Bad im Sonnenlicht. Schon ein paar Minuten ausgestreckt auf einer Sommerwiese entspannen, wirkt wahre Wunder. Aber auch zu jeder anderen Jahreszeit hilft das Lichtbad, die im Alltag verbrauchte Energie schnell wiederzugewinnen.

Mit Strategie gegen das Wochenendchaos

»Weniger ist mehr!« Diese Regel gilt auch für das Wochenendprogramm.

- *Setzen Sie Prioritäten. Was ist genau an diesem Wochenende wichtig, nötig und gewünscht? Planen Sie die Aktivitäten zusammen mit allen Familienangehörigen, und bereiten Sie alles gemeinsam vor.*
- *Nehmen Sie Rücksicht auf das kindliche Tempo und auf das Erholungsbedürfnis aller Familienmitglieder. Planen Sie genügend Pausen und freie Zeit ein! Nehmen Sie sich Zeit für Gespräche mit Ihrem Partner und den Kindern! Lassen Sie Ihre Kinder in Ruhe ausreden, und vermeiden Sie es, angefangene Sätze zu ergänzen!*
- *Achten Sie auf genügend Schlaf, genügend Bewegung und vernünftige Ernährung!*
- *Verscheuchen Sie Ihren eigenen Perfektionismus und Ihr Schuldgefühl gegenüber den Kindern, falls Sie meinen, ihnen nicht genügend bieten zu können. Ein Kind lernt mehr, wenn es mit Mama, Papa und Geschwistern an einer Regenpfütze mit kleinen Steinchen spielt als im »Kids-Club« des Tennisvereins.*
- *Sagen Sie alle unnötigen Termine ab, bzw. sagen Sie nicht »Ja«, wenn Sie eigentlich »Nein« meinen!*
- *Lassen Sie sich helfen! Opas gehen z. B. gern mal mit dem Baby im Kinderwagen eine Runde um den Block, und Sie haben Zeit, mit den anderen Kindern etwas zu spielen.*

Der König geht spazieren

Zu rhythmusstarker Musik spaziert der König – alle Untertanen hinter ihm her – durch das Schloss und vielleicht sogar noch durch den Schlosspark. Dabei geht er einmal langsam, dann wieder schnell, er hüpft oder krabbelt auf allen Vieren, er geht rückwärts oder mit Tippelschrittchen, ganz wie er will. Die Untertanen bewegen sich immer so wie ihr König. Wer dem König dabei am besten gefällt, dem übergibt er nach einer Weile das Zepter und mischt sich selbst unters Volk.

Das Karussell

Zwei Karussellfahrer stellen sich einander gegenüber und geben sich über Kreuz die Hände. Jetzt lehnen sich beide langsam mit den Oberkörpern zurück und beginnen sich zu drehen. Immer schneller und schneller dreht sich das Karussell, bis einer »Halt!" ruft, und die Mühle langsam wieder zum Stillstand kommt oder beide Karussellfahrer ins Gras plumpsen.
Achtung: Zuschauer in entsprechender Entfernung postieren, und: Fotografieren nicht vergessen!

Das Schattenmonster

Zwei, drei oder sogar vier Familienmitglieder stellen sich eng aneinander mit
dem Rücken zur Sonne und bilden nun
mit ausgestreckten oder angewinkelten
Armen und Beinen das grässliche, viel-
köpfige Schattenmonster.
Achtung: Einer sollte das Schattenmonster fotografieren!

Wir gehen spazieren

Ganz »normal« spazieren zu gehen, ist
für Kinder schrecklich langweilig. Aber
es gibt ein paar kleine Tricks, wie das
Ganze lustig und richtig spannend
wird.

Der Spaziergang mit Nachbarn
Gehen Sie mit Ihrer Familie durch die
Nachbarschaft, bleiben Sie an jedem
Gartenzaun stehen, und animieren Sie
Ihre Nachbarn und besonders die Nach-
barkinder, Sie zu begleiten. Das ist lus-
tig, man kommt ins Gespräch und tut
gleichzeitig noch etwas Gutes für die
Gesundheit.

Von A – Z
Abwechselnd nennt jeder Spaziergänger ein Tier, eine Pflanze oder irgendei-
nen Gegenstand, der für alle sichtbar
ist. Aber so ganz einfach ist es nicht!
Die genannten Dinge müssen einen Anfangsbuchstaben entsprechend dem Alphabet haben. Schwierige Buchstaben
wie C, Q, X und Y dürfen einfach ausgelassen werden. Da gäbe es vielleicht eine Amsel, einen Baum, ein Dach, eine
Efeuranke ...

Im Rückwärtsgang
Jemand müde geworden? Dann spazieren wir die nächsten Meter im Rückwärtsgang. Das verschafft neue Ausblicke, ist lustig, spannend und trainiert
die Intelligenz. Mindestens ein Familienmitglied sollte aber weiterhin mit Blick
nach vorne gehen, um ggf. vor Hinder-
nissen und entgegenkommenden Spa-
ziergängern zu warnen.

Intervall-Gang
Der gleichmäßige Spaziertrab wirkt oft
ermüdend auf Kinder. Also, auf zum Intervall-Gang: Das Spiel ist einfach. Einer
gibt ein Ziel vor, z. B. die Parkbank, die da
in etwa 50 Meter Entfernung zu sehen ist,
und ein anderer bestimmt die Gangart,
z. B.: rennen, als würden wir gejagt; hüp-

fen; ganz langsam schlendern; galoppieren wie die Pferde; im Trippelschritt gehen; im Regenschirmgang 50 Meter weit nach vorne drehen und drehen und … was uns sonst noch alles einfällt.

Boccia für Spaziergänger

Jedes Familienmitglied trägt einen Tennisball, Gummiball oder eine große Murmel bei sich. Ab und zu wird angehalten. Die Spieler stellen sich nebeneinander auf, machen gemeinsam ein bestimmtes Ziel ca. 20 Meter weiter vorne aus. Das kann z. B. ein Papierkorb, eine Parkbank oder ein Baum sein. Nacheinander wirft jeder seinen Ball möglichst so, dass er nahe am Ziel liegen bleibt. Sind alle fertig? Dann laufen wir gemeinsam nach vorne und schauen ganz genau nach, wessen Ball dem Ziel am nächsten liegt. Der Sieger darf dann auf dem weiteren Spaziergang das nächste Ziel bestimmen.

Spaziergang mit Tieren

Haben Sie schon mal einen Löwen »Gassi« geführt? Nein? Bei diesem Spaziergang haben Sie endlich Gelegenheit dazu. Sie nennen ein beliebiges Tier, eben »Löwe« oder »Elefant« oder (kurz vor zu Hause) »Regenwurm« und, Hokuspokus, verwandelt sich das Kind in ein ebensolches Tier und trampelt, galoppiert, krabbelt oder robbt den Weg entlang. Ein sehr lustiger Spaziergang – nur die Kleidung wird etwas mehr als sonst beansprucht.

Fußball für unterwegs

Schlappe kleine Spaziergänger werden sofort wieder vergnügt und fit, wenn Mama oder Papa einen Ball aus dem Rucksack zaubern, der nun bis nach Hause von einem zum anderen geschossen wird.

Spazieren springen

Springen Sie doch mal mit Ihren Kindern um den Block! Jeder nimmt sein Springseil, und dann kann es auch schon losgehen.

Der Farbenspaziergang

Gemeinsam mit dem Kind setzt man für den heutigen Waldspaziergang eine bestimmte Farbe fest, nach der zu suchen ist. Jede Farbe kann zum Mittelpunkt des Spazierganges werden. bspw. suchen wir nach »Gelb«: Gelbe Blümchen sehen wir schon am Waldrand von weiten. Hier und da hängt auch ein gelbes Blatt an einem Baum. Auf der Bank am Waldweg wurde ein gelbes Schild mit dem Namen des Spenders angeschraubt. Die winzige Vogelfeder, die wir schließlich finden, hat eindeutig hellgelbe Punkte! Je länger wir gehen und schauen, umso schärfer wird unser Blick.

Besonders toll wäre es, wenn man jedes Fundstück mit einer Digitalkamera fotografieren könnte, und die »Gelb-Show« dann abends, vor dem Zubettgehen noch einmal alles ans künstliche Licht brächte.

Spurensuche

Ein echtes Highlight für Kinder und eine Alternative zum Winterspaziergang ist eine Spurensuche im Schnee.

In Bibliotheken kann man sich meistens ein Buch ausleihen, in dem die Tierspuren abgebildet sind. Dann geht die ganze Familie warm verpackt über die verschneiten Wiesen am Waldrand entlang oder durch den Stadtpark auf der Suche nach interessanten Tierspuren.

Unterwegs nach irgendwo

Ein bisschen Bewegung von Nöten? So kommt der Kreislauf schnell wieder auf Trab: Alle Spieler stehen auf. Ein Passagier schreit: «Nach Rom, aber schnell!«, und sofort beginnen die Sportler, auf ihren Plätzen zu rennen. Immer schneller und schneller, bis derselbe Passagier ruft: »Und jetzt zurück!« Alle drehen sich um und rennen auf der Stelle, was das Zeug hält zurück. »Stopp!« ruft der Passagier jetzt, und alle dürfen ihre Arme und Beine noch ein bisschen ausschütteln, bevor dann der nächste Spieler ein neues Reiseziel vorgibt.

Die fliegenden Untertassen

Jedes Kind (die Eltern sind Schiedsrichter) erhält einen einfachen, runden Pappteller, den es nach Belieben bunt bemalen darf und mit seinem Namen beschriftet. Auf der Wiese, gut 50 Meter von der Startlinie entfernt, wird ein Landeplatz mit einer Decke oder einer ausgebreiteten Jacke markiert. Der ers-

Tausend Schritte, tausend Worte

Spaziergänge eignen sich gut für ungestörte Gespräche. Weil die Spaziergänger konzentriert, ganz aufeinander angewiesen sind, entsteht oft eine intime Atmosphäre, in der sich gut reden lässt. Eltern und Kinder können die Themen aufgreifen, die ihnen im Kopf herumgehen, und sie ungestört und in aller Ruhe besprechen. Ein Gespräch auf dem Spaziergang fördert das Durchhalten und ggf. auch das Aushalten von Kritik auf beiden Seiten. Manchmal ist es sowohl für Eltern als auch für die Kinder ganz heilsam, wenn man ein unbeliebtes Thema nicht einfach abbrechen kann.

te Wettkämpfer schleudert unter den Anfeuerungsrufen der Mitspieler seine fliegende Untertasse in Richtung Zielgebiet. Er bleibt so lange stehen, bis die Scheibe gelandet ist. Dann läuft er zur Landestelle und startet die Scheibe erneut. Wie viele Starts sind nötig, um die Scheibe endlich im Zielgebiet zu landen? Der Schiedsrichter führt darüber genau Buch und gibt am Ende feierlich den Namen des Ufo-Piloten bekannt.

Sonntags im Fitness-Center

Jedes Kind wird einmal zum Fitnesstrainer der Familie, und alle müssen genau das machen, was der Trainer verlangt. Jetzt kann man einmal vorführen, was man so alles im Kindergarten oder beim Schulsport gelernt hat! Der Trainer turnt natürlich die Übungen mit und hat wenig Mitleid mit schwächlichen oder ungelenken Familienmitgliedern.

Bonbons kegeln

Eine Papprolle (z. B. aus dem Inneren von Küchenpapier) wird auf die Wiese gestellt. Oben drauf legt man einen Bierdeckel oder ein Stück Pappe und darauf wiederum ein Bonbon.

Die Kinder stellen sich etwa fünf Schritte entfernt an die Startlinie und dürfen nun abwechselnd versuchen, mit einem Ball die Rolle umzukegeln oder zumindest so zu erschüttern, dass das Bon-

bon von der Rolle fällt. Wem das gelingt, der kassiert die Süßigkeit.

Tipp: Wenn sich auch die Großen am Kegeln beteiligen, wird für sie der Ball durch einem Tennisball oder eine große Murmel ersetzt.

Das Garten-Labyrinth

Keine Lust zum Laub rechen? Hier wird gleich ein Spiel daraus: Das Laub wird zu langen, etwa knöchelhohen Schlangen gerecht, die sich so durch den Garten schlängeln, dass dazwischen gerade genug Platz zum Gehen ist. Die Laubschlangen werden so angeordnet, dass ein riesiges Labyrinth mit einer Zielfläche in der Mitte entsteht. Wetten, dass bald die ganze Nachbarschaft durch Ihren Garten wandelt?

Die Taschenlampen-Safari

Wer auf Safari gehen will, braucht zuerst einmal eine Menge Tiere. Am besten sind Stofftiere geeignet. Wer nicht selber zehn oder mehr dieser braven Tiere besitzt, leiht sie bei Freunden und Nachbarn und lädt die gleich zur Nacht-

Das nörgelfreie Wochenende

Probieren Sie es aus: Rufen Sie das kommende Wochenende zum »nörgelfreien Wochenende« aus, und stellen Sie eine Belohnung für Sonntagabend in Aussicht, falls sich alle Familienmitglieder daran halten!

Safari ein. Aber noch ist nicht soweit. In der Dämmerung schleicht der Papa mit einem Korb voller Tiere hinaus in den Garten und versteckt den Elefanten vielleicht hinter einem Busch, die Kuh hinter der Mülltonne, den Löwen unter der Gartenbank usw. Wenn es dann richtig dunkel geworden ist, schleichen alle Safari-Gäste mit Taschenlampen bewaffnet hinaus, und jeder versucht, so viele Tiere wie möglich aufzuspüren. Ein spannendes Spiel! Sogar Teenager haben noch Spaß an dieser nächtlichen Entdeckungstour.

Schreie in der Dunkelheit

Für dieses Spiel braucht man möglichst viele Teilnehmer.

Alle Kinder bis auf eines laufen im Dunkeln in den Garten. Dort zieht jedes einen Zettel mit einer Nummer und versteckt sich. Jetzt wird auch das übrige Kind in den Garten gerufen. Es stellt sich in die Mitte und ruft z.B.: »Nummer Drei!«. Sofort lässt das Kind, das die Nummer Drei gezogen hat, einen schauerlichen Schrei aus seinem Versteck ertönen. Kann der Ratende am Ruf erkennen, um welches Kind es sich handelt? Nennt er den richtigen Namen, kommt das Kind aus seinem Versteck und hilft mit, die übrigen Schreihälse zu erkennen. Wenn nicht, bleibt es, wo es ist und wartet, bis seine Nummer ein zweites Mal aufgerufen wird.

4.
Mir ist so langweilig

*E*in Kind orientiert sich immer am Vorbild seiner Eltern, auch beim
Freizeitverhalten. Wenn die Kinder sehen, dass sich Papa und Mama
gerne mit ihren Hobbys beschäftigen, sich sportlich und musisch
betätigen, in Gruppen oder Vereinen aktiv sind oder einfach
mal bewusst entspannen, so wird es auch für das Kind selbstverständlich
sein, in seiner Freizeit seinen Interessen und Neigungen nachzugehen.
Wenn sich doch mal die große Langeweile am Wochenende
breit macht, wenn alle Freunde unerreichbar sind, tun
die folgenden Vorschläge bestimmt gute Dienste.

Ein lieber Gruß

Senden wir dieses Wochenende all den lieben Menschen einen kurzen Gruß, von denen wir schon lange nichts mehr gehört haben.

Niemand erwartet einen langen Brief! Es genügt völlig, wenn jedes Familienmitglied einen Satz auf die Karte schreibt. Ja, und dann können wir hoffen, dass unser Briefkasten uns auch mal was anderes außer Rechnungen serviert.

Regenbogenpapier

In mehrere kleine Schälchen oder Pappteller wird etwas Wasser gefüllt und dieses dann mit ein paar Tropfen Lebensmittelfarbe eingefärbt. Außer den Originalfarben kann man natürlich noch ganz nach Belieben Mischfarben zusammenrühren: Gelb und Rot ergibt Orange; Blau und Grün ergibt Türkis usw. Dann nimmt man ein Blatt Zellstoffpapier (z. B. von einer Küchenrolle), legt es mehrmals zusammen und taucht dann eine Ecke in die blaue Flüssigkeit, eine andere in die gelbe, eine Kante in türkisfarbenes Wasser usw. Die Flüssigkeit wird durch das Papier angesaugt, und es macht allein schon Vergnügen zuzusehen, wie die Farben verfließen. Dann aber kommt der große Augenblick. Vorsichtig wird das Papier ausgebreitet – voilà, ein wunderschönes Regenbogenmuster ist entstanden. Eine

Weile sollte das Papier so liegen bleiben, um gänzlich zu trocknen. Das Regenbogenpapier kann man als Set fürs Sonntagsfrühstück benutzen, als Geschenkpapier, oder man rahmt die Papiere und hängt sie als kleine Kunstwerke an die Wand.

Die Stickerwelle

Die Stickersucht erfasst unsere Kinder normalerweise in Wellen. Mitunter liegen die Stickerhefte und -bücher unbeachtet in der Kinderzimmerecke, und dann plötzlich erwacht der Stickerwahn erneut. Da wird getauscht, gehandelt, abgeschleckt und geklebt und wehe, Ihr Kind hat kein Stickeralbum!

Sollte gerade wieder eine dieser Wellen anrollen, kann man die Sticker im Kreise der Familie an einem verregneten Wochenende prima selber machen.

So geht's: Suchen Sie ein geeignetes, farbiges Papier aus, und breiten Sie es auf dem Tisch aus. Ein Päckchen gemahlene Gelatine wird mit etwa vier Esslöffeln Saft oder Wasser angerührt und in einem Töpfchen auf dem Herd bei geringer Hitze aufgelöst. Nun verteilt man die Masse mit einem breiten Pinsel auf der Rückseite des ausgewählten Papiers und lässt den »Kleber« trocknen.

Dann kann man, z. B. mit Hilfe von Ausstechförmchen, verschiedene Formen auf das Papier malen, sie ausschneiden, die Kleberseite abschlecken und die Sticker ins Album kleben. Wer will, kann auch Restchen von Geschenkpapier auf diese Weise »gummieren« und danach die Motive (Mickymaus-Figuren, Blümchen, Gespenster …) ausschneiden und als Sticker (die sonst keiner in der Klasse hat!) ins Album kleben.

Die Ansichtskarten-Fabrik

Ein verregneter Sonntagnachmittag ist ideal für die Herstellung von selbst gestalteten Ansichtskarten geeignet. Die Vorbereitung ist denkbar einfach. Man schneidet festes, weißes Papier in postkartengroße Rechtecke, teilt die Rückseite der Karte mit einem senkrechten Strich und zeichnet in das rechte Feld ein paar Zeilen für die Adresse vor. Und dann kommt die Kartenvorderseite dran. Da können sich alle Familienmitglieder nach Lust und Laune kreativ austoben und die Flächen mit Bildern bemalen oder mit Collagen bekleben.

Abziehbildchen

Seine eigenen lustigen Abziehbildchen kann man herstellen, wenn man Lebensmittelfarben in Tuben auftreibt. Mit diesen Farben malt man ein lustiges Bildchen auf ein Stück weißes Papier. Das fertige, gut getrocknete Werk legt man sich auf die angefeuchtete Haut und drückt das Bildchen mit einem feuchten Waschlappen eine Weile fest. Dann zieht man das Papier vorsichtig von der Haut und kann das Bild bewundern.

Das Blätterbuch

Natürlich hat jedes Buch Blätter – aber dieses Buch hat ganz besondere, nämlich echte von Laubbäumen! Auf einem Spaziergang werden viele

Im trauten Familienhalbkreis

»Das Fernsehen hat aus dem Familienkreis einen Familienhalbkreis gemacht«, sagte Hans-Joachim Kulenkampff einst. »Wie wahr!« kann man da nur antworten und fragen: »Aber wie lange noch?« Auch bei uns steht in immer mehr Kinderzimmern ein eigenes Fernsehgerät, so dass wir bald dem trauten Familienhalbkreis nachtrauern werden; dann wird nämlich jeder – der heftigen Diskussionen übers Programm überdrüssig – in seinem Zimmer sitzen und dort allein auf den Bildschirm starren. Gerade am Wochenende überbieten sich ja die Kanäle geradezu, Alt und Jung in ihren Bann zu ziehen. So entkommen Sie diesem elektrischen Magneten:

- *Der Fernseher steht in der ungemütlichsten Ecke des Hauses.*
- *Die Nutzungszeit wird reglementiert , indem sich jedes Familienmitglied am Samstagvormittag in der Fernsehzeitung alle Sendungen aussucht, die es gerne sehen möchte und deren Gesamtdauer drei Stunden pro Woche nicht übersteigt.*
- *Nicht zu vergessen ist aber auch beim Fernsehen das Vorbild der Eltern. Wenn sich die Eltern anderweitig beschäftigen, werden das die Kinder eben auch eher und lieber tun.*
- *Verteufeln Sie das Fernsehen nicht! Suchen Sie stattdessen gezielt mit der ganzen Familie eine Sendung aus, die sie gemeinsam im gemütlichen Halbkreis verbringen. Ist die Sendung vorbei, schalten sie aus! Auch das überträgt sich auf die Kinder. Das Vielfernsehen entsteht nämlich nie, weil sich das Kind eine geliebte Sendung ansieht, sondern weil es nach dieser Sendung den Fernseher nicht ausschaltet.*
- *Das Fernsehprogramm sollte nie den Tagesablauf in der Familie bestimmen, weder an den Wochentagen noch am Wochenende. Aber dann ist die Gefahr noch größer. Die große Schwester muss unbedingt den »Wahnsinnsfilm« sehen? Gerne – aber bitte nicht gerade dann, wenn die ganze Familie gemeinsam spielt, bastelt oder zu Abend isst. Wer ein Aufzeichnungsgerät hat, ist da fein raus, dann wird die Lieblingssendung einfach konserviert und zu einem anderen Zeitpunkt angesehen. Übrigens verliert die »Wahnsinnssendung« dann schnell an Bedeutung, wird oftmals gar nicht mehr angesehen und schon vom nächsten »lebenswichtigen« Film überspielt.*
- *Das Wichtigste aber: Man bietet echte Alternativen!*
- *Wählen Sie gemeinsam solche Tätigkeiten und Unternehmungen aus, die den Kindern Spaß machen, dann werden die auch am nächsten Montag gegenüber ihren Klassenkameraden bestehen können, wenn sie zwar »Die wilden Kerle Teil 5« nicht sehen konnten, dafür aber erzählen, dass sie mit ihrer Familie ein Lagerfeuer am Fluss mit Würstchen grillen veranstaltet haben.*

Tipp: *Schalten Sie doch mal den Ton beim Fernseher aus! Auf diese Weise wird die Fantasie angeregt, das genaue Zuschauen, die Konzentration und die Kombinationsfähigkeit.*

Erholung gewährleisten!

Das Wochenende dient der Erholung. Dabei ist Bewegung im Freien für die meisten Kinder dringend notwendig, weil sie während der Woche so viele Stunden in Räumen sitzend verbringen. Entspannung seelischer und geistiger Art erreicht man z. B. durch gemeinsames Spielen, Basteln, Musizieren und durch Gespräche über solche Themen, die dem Kind auf dem Herzen liegen.

Wenn ein 16-Jähriger am Wochenende einer Benjamin-Blümchen-Kassette lauscht und ein Zehnjähriger Türme aus Bauklötzen errichtet, ist das kein Zeichen fortschreitender Verdummung, sondern ein Hinweis darauf, dass dieses Kind Erholung braucht.

Viele Kinder sind überfordert. Nicht nur in der Schule, sondern auch mit Problemen, die sie im Freundeskreis antreffen, von Eltern übertragen bekommen oder einfach auch im stundenlangen Zusammensein mit Gleichaltrigen in Kindergarten und Schule, Hort und diversen Vereinen.

Trachten Sie deshalb nicht danach, dass sich das Kind am Wochenende »sinnvollen« Beschäftigungen widmet! Haben Sie Mut zur Unterforderung!

verschiedene Blätter gesammelt und zu Hause gepresst. Wer es nicht aushalten kann, so lange zu warten, bis die Blätter zwischen Büchern trocken geworden sind, der presst sie »auf die Schnelle« mit Hilfe eines Bügeleisens. Aber Vorsicht! Ein Tuch über die Blätter decken und das Bügeleisen auf geringe Hitze stellen!

Nun braucht man noch ein leeres Schulheft, in das die Blätter geklebt werden können. Vielleicht schaut man auch noch gemeinsam in Pflanzenbüchern nach, von welchen Bäumen die Blätter stammen und notiert das auf der entsprechenden Seite.

feirbsträwkcüR reD

Kinder freuen sich immer sehr, wenn sie Post bekommen. Je geheimnisvoller der Brief, umso besser!

Schreiben Sie Ihrem Kind, der Nichte oder dem Patensohn einen kurzen Brief rückwärts. Nicht in Spiegelschrift, sondern einfach nur rechts beginnen und Buchstabe für Buchstabe links daneben setzen. Wetten, dass der Empfänger großen Spaß daran hat, den Brief zu entschlüsseln?

Natürlich können Kinder solche Rückwärtsbriefe ebenfalls anfertigen und ihren Freunden schicken.

Das Klamotten-Gedächtnisspiel

Ein Spieler geht hinaus und zieht sich dort viele verschiedene Kleidungsstücke an: Opas Gummistiefel, Omas Strohhut, einen Fäustling an der linken Hand, einen karierten Fingerhandschuh rechts und was er sonst noch so findet. Auf diese Weise kostümiert zeigt er sich den anderen. Die schauen ihn genau an und prägen sich alle Kleidungsstücke ein. Nach einer Minute verschwindet der Verkleidete wieder nach draußen, wo er nun ein paar kleine Veränderungen an seiner Kostümierung vornimmt. Er tauscht vielleicht die Handschuhe aus. Den Fäustling trägt er nun rechts und den Fingerhandschuh an der linken Hand. Er bindet sich statt Mamas Seidentuch einen Schal um den Hals usw. Werden die anderen alle Veränderungen finden?

Ringe werfen

Für dieses Spiel braucht man etwa zehn Papierteller, bei denen man jeweils den Innenkreis ausschneidet, so dass nur noch Ringe übrig sind. Damit die Dinger besser fliegen, werden ein paar Centmünzen an die Unterseiten der Pappringe geklebt.

Dann wird ein Stuhl umgedreht, so dass die Stuhlbeine in die Luft ragen. Diese Beine sind die Ziele.
Jeder Spieler darf, je nach Alter, von einer bestimmten Abwurflinie aus alle zehn Ringe werfen. Die Ringe, die über die Stuhlbeine gleiten und hängen bleiben, sind die Treffer. Wer die meisten erzielt, gewinnt.

Von A – Z durchs Wohnzimmer

Während man gemütlich auf dem Sofa lümmelt, beginnt ein Spieler: »Ich sehe ein Aquarium.« Der nächste schaut sich im Zimmer um und sagt dann vielleicht: »Ich sehe ein Buch.« Der dritte hat es schwer, denn er muss etwas entdecken, dessen Namen mit C beginnt. Vielleicht sieht er einen CD-Spieler oder eine chinesische Teekanne. Der nächste hat es wieder leichter; sein Begriff beginnt mit D. So geht es weiter, bis der letzte Spieler einen Begriff wie »Zeitung« nennt. Natürlich dürfen ganz schwierige Buchstaben wie Q, X und Y ausgelassen werden.

Geschenkpapier-Druckerei für Kinder

Kindergartenkinder lieben es, Dinge in Farbe zu tauchen und auf Papier abzudrucken. Für eine kleine Druckerei braucht man viele Bogen Zeitungspapier als Unterlage und große Bogen Packpapier, weiße Tapeten oder Zeichenpapier, die man dann mit »Stempeln« aus Kartoffeln, Karotten, Lauch, Zahnbürsten, Fingerkuppen, Hundepfoten ... dekoriert. Als Farbe eignet sich am besten Plaka- oder Wasserfarbe, die man anrührt und in weite, niedrige Becher oder Schalen füllt.

Wenn ich einmal groß bin ...

In Mamas Schrank wühlen ist nicht nur eine Lieblingsbeschäftigung kleiner Mädchen. Blusen, Hüte, Schals und Schuhe eignen sich bestens fürs Verkleiden. Eine spannende Angelegenheit, in Mamas Schuhe zu schlüpfen und auf hohen Absätzen daher zu klappern, den Seidenschal gekonnt und kreativ zu drapieren. Wenn die Verkleidung vollbracht ist, kann man sich vor einem großen Spiegel drehen und bestaunen. Klar, dass man dann auch Zuschauer und Bewunderer braucht ... Zum Glück ist das am Wochenende meist kein Problem.

Das Kunst-Diktat

Zwei Künstler setzen sich Rücken an Rücken auf den Boden. Beiden werden die Augen verbunden. Einer bekommt einen beliebigen Alltagsgegenstand in die Hand, z. B. eine Zahnbürste. Der Partner, der natürlich nicht wissen darf, was sein Kollege in der Hand hält, bekommt einen Zeichenblock und einen Stift, und dann geht's auch schon los: Der eine

tastet den Gegenstand ab und diktiert seinem Partner, was er zeichnen soll. Selbstverständlich darf er den Begriff »Zahnbürste« nicht nennen. Für das Kunstwerk haben die beiden nicht viel Zeit. Nach drei Minuten muss das Bild schon vollendet sein. Den Künstlern werden jetzt die Augenbinden abgenommen, damit sie ihr fertiges Kunstwerk bestaunen können.

Das Denkmal

Ein Denkmal muss ja nicht unbedingt aus Marmor sein, und es muss auch nicht in der Mitte vom Marktplatz stehen. Viel lustiger, zumindest für die Erbauer, ist es, ein Denkmal vor dem Haus zu errichten. Als Material dienen z. B. Kartons, Steine, Bretter, Getränketräger, uralte Kleidungsstücke, die man zu einer interessanten Gestalt zusammenklebt, bindet, nagelt oder mit Draht befestigt. So könnte bspw. ein »Müllmonster« entstehen, das die Vorbeieilenden als »Denk mal!« an ein gewichtiges Problem unserer Zeit erinnern wird.

Wer aber keine Materialien zur Verfügung hat oder zum Denkmal-Errichten benützen darf, der stellt sich doch am besten gleich selber als Denkmal auf ein entsprechend hohes Podest und wird in verrückter Kostümierung bestimmt für Aufsehen sorgen.

Lachen darf so ein Denkmal natürlich nicht, höchstens dann, wenn es in ein

paar Tagen ein Foto von sich bestaunen kann.

Das Langeweilebuch

Das ist ein kleines Schulheft, in das die Kinder, wenn es ihnen mal langweilig ist, all das eintragen, was sie machen könnten, wenn es ihnen mal langweilig ist, etwa:

- ♥ Weintrauben oder Bananenscheiben tiefkühlen und dann wie Eisbonbons lutschen.
- ♥ Mit Freunden einen Fahrrad-Parcours aufbauen.
- ♥ Mit dem Fahrrad so langsam wie möglich ums Haus fahren und die Zeit stoppen.
- ♥ Das Fahrrad putzen, (Wer trägt denn so was hier ein?)
- ♥ Eine Flaschenpost schreiben
- ♥ Für jedes Familienmitglied einen Indianernamen aussuchen, z. B.: »Grauer Bär« für den Opa.

- ♥ Zu jedem Buchstaben im Alphabet etwas nennen, das du magst, z. B.: Angeln,
- ♥ Bonbons, Chinesisches Essen, Drachen steigen lassen ...
- ♥ Eine Schüssel voll Popcorn zubereiten. Die Hälfte mit Zucker, die andere Hälfte mit Salz bestreuen und dann auffuttern.
- ♥ Mit einem anderen Kind so lange pfeifen, bis einem die Puste ausgeht.
- ♥ Einen Turm aus Steinen errichten und dann aus fünf Schritten Entfernung mit Steinen dagegen werfen, um den Turm Stockwerk für Stockwerk wieder abzubauen.
- ♥ Mit einem Karton auf dem Kopf im Regen spazieren gehen.
- ♥ Blaubeeren zerquetschen und mit dieser »Tinte« einen Brief schreiben.
- ♥ Ein Baumhaus bauen.
- ♥ Geschenke auf Vorrat basteln.
- ♥ Einer besonders schönen Blume auf der Wiese ein Bändchen umbinden und am nächsten Tag dieselbe Blume wieder besuchen.
- ♥ Sich von seinem Freund im Schubkarren spazieren fahren lassen.
- ♥ Überlegen, wo man einen Schatz verstecken würde, wenn man einen hätte.
- ♥ Vor dem Spiegel üben, mit den Ohren zu wackeln.
- ♥ Lernen, wie man mit Stäbchen isst.

5
Nichts wie weg

*G*lückliche, lebensbejahende und ausgeglichene Kinder und Jugendliche
fallen nicht vom Himmel. Sie sind eine Spiegelung der Liebe ihrer Eltern und
der Qualität des gemeinsamen Familienlebens. Wird der Sonntag zum
Familienerlebnis, ist das ein Grundstein für eine Familientradition, die über
Generationen ihre Kraft und Wirkung zeigen kann.
Ein Sonntag ist ideal für neue Entdeckungen und Eroberungen:
im Garten, auf dem Spielplatz, in Wald und Flur – die ganze weite Welt
wartet mit unzähligen Überraschungen nicht nur auf die Kinder,
sondern auf die ganze Familie.

Die Wiesenschlange

Ein Kind stellt sich als »Schlangenkopf« auf. Ein zweites geht hinter dem ersten in Krabbelstellung und umfasst die Knöchel seines Vordermannes. Alle anderen Spieler reihen sich ebenfalls in Krabbelstellung dahinter auf – jeder umfasst die Knöchel des vor ihm Krabbelnden. So stellen alle gemeinsam die Wiesenschlange dar.

Vorsichtig schlängelt sich die Riesenschlange durch das Gras, zwischen Büschen und Bäumen hindurch, einmal langsam, einmal schneller.

Nach einer Weile geht der »Kopf« ans Ende der Schlange, so dass die Riesenschlange von einem anderen Familienmitglied angeführt wird.

Spaß mit der Beute

Mit Fundstücken vom letzten Ausflug lassen sich die tollsten Ideen verwirklichen, z. B.:

- ♥ Blumen und Blätter zwischen dicken Büchern pressen. Gepresste Blätter verschiedener Baumsorten zu »Flattermännchen« aneinanderkleben und an einem Faden ins Fester hängen (Gesicht mit schwarzem Filzstift aufmalen).
- ♥ Erbeutete Samen zu Hause in kleine Töpfchen pflanzen.
- ♥ Steine abbürsten und ganz genau betrachten oder mit Hilfe von Klebstoff oder Plastilin zu Steinmännchen zusammenbauen, anmalen und mit Klarlack überziehen.
- ♥ Blumen oder Baumfrüchte mit Hilfe von Bestimmungsbüchern identifizieren.
- ♥ Ein Mobile aus Fundstücken basteln: Zuerst einen Zweig mit Hilfe von Schnüren an der Decke aufhängen. Danach die Hagebutten, Zapfen, ganz kleinen Stöckchen, Rindenstücke ... ebenfalls mit Schnur oder Faden am Zweig befestigen.
- ♥ Ein Andenken -Baum entsteht, wenn ein morscher Ast zu Hause in einen Blumentopf gepflanzt und die Fundstücke mit Faden oder bunten Bändchen daran gehängt werden.
- ♥ Und wie bastelt man einen Waldgeist? Aus vielen Fundstücken vom Wald-, Park- oder Strandspaziergang bauen alle vor dem Haus oder auf dem Balkon einen gruseligen Waldgeist zusammen – Wurzeln, Rinden-

Fidelio, das Beschwerdeschwein

Es hilft besonders auf längeren Autofahrten, Ausflügen, Wanderungen ... sehr, wenn man zuvor ausmacht, dass jedes Familienmitglied unterwegs nur eine einzige Beschwerde vorbringen darf. Alle weiteren Beschwerden werden Fidelio, dem Beschwerdeschwein (oder einem anderen familieneigenen Kuscheltier), ins Ohr geflüstert. Das hört so was nämlich, im Gegensatz zum Rest der Familie, sehr gern.

stücke, Stöcke und Gräser eigenen sich prima. Abends wird der Waldgeist noch mit einer Taschenlampe angestrahlt, sodass er in der Dunkelheit geheimnisvoll und gespenstisch leuchtet.

Formen aus der Natur

Auf dem nächsten Spaziergang halten alle Ausschau nach Naturgegenständen, die eine deutliche Form hinterlassen, wenn man sie auf ein Papier legt und mit einem Stift die Ränder abfährt. Muscheln sind z. B. bestens dafür geeignet, aber auch flache Steine, dicke feste Blätter und Zapfen.

Zu Hause werden die Fundstücke dann auf Zeitungspapier ausgebreitet, ggf. gesäubert, und dann kann der Spaß auch schon losgehen.

Wer will, kann sogar ein Ratespiel daraus machen. Einer bildet heimlich die Form eines beliebigen Fundstückes ab und lässt die anderen dann raten, um was es sich da handelt. Besonders spannend wird es, wenn man das Fundstück z. B. von einer Breitseite oder von oben auf das Papier stellt und so die Form abbildet.

Futterzeit!

Ob Enten, Wildschweine, Rehe oder Regenwürmer – Kinder gehen leidenschaftlich gerne zu Tierfütterungen. Da sammelt man gewissenhaft alte Brotscheiben, Äpfel, Kastanien, Eicheln und dergleichen mehr, und dann stapfen alle gemeinsam am Sonntagnachmittag los.

Wer sich nicht sicher ist, wo es Tierfütterungen gibt oder was man den Tieren mitbringen soll, der ruft vorher noch beim zuständigen Forstamt an und fragt nach.

Tipp: Stadtkinder können bei den verschiedensten Tierfütterungen im Zoo zuschauen.

Familie Biomanns Samstagsspaziergang

Der Samstag ist bei vielen Familien der Tag, an dem der getrennte Müll zu den diversen Entsorgungsstellen gebracht wird. Hat man sich dann seines Abfalls entledigt, könnte man doch eigentlich zum Spaziergang am Nachmittag einen weiteren Müllsack mitnehmen und so einen Familienbeitrag zum Umweltschutz leisten. Die Kinder sind auf jeden Fall immer bereit, den Wald oder die geliebte Picknickwiese von fremden Abfällen zu befreien.

Das Gartencenter

Ein Samstag mit der ganzen Familie im Gartencenter ist schon fast so spannend wie ein richtiger Ausflug. Es gibt so viel zu sehen – und keineswegs nur im Frühling!

Suchen Sie mit den Kindern ein paar Samentütchen von Pflanzen aus, die

Märkte, Feste, Attraktionen

In jedem größeren Ort gibt es am Wochenende viele interessante und meistens kostenlose Angebote für Familien. Schauen Sie in die örtliche Wochenendzeitung oder im Internet auf der Website Ihres Ortes nach. Da gibt es Töpfer-, Floh-, Bauern-, Weihnachtsmärkte, Führungen durch den Wald oder durchs Heimatmuseum, Feuerwerke, Dampferfahrten und vieles mehr. Auch ein »Tag der offenen Tür«, z. B. bei der Feuerwehr oder einem ortsansässigen Gewerbebetrieb, bietet nicht nur viel Information, sondern meistens auch lustige Beschäftigungen (Hüpfburgen etc.) für Kinder.

schnell wachsen, z. B. Kresse, und gestatten Sie jedem Kind, eine Pflanze als »grünen Freund« für sein Zimmerfenster mitzunehmen.

Ungewöhnliche Spielplätze

Ein mit Moos bewachsener Baumstumpf mitten im Wald ist eine tolle Umgebung für ein Ritterspiel mit kleinen Plastikrittern. Ein Wasserloch am Sandstrand ist ideal für eine erbitterte Piratenschlacht, und ein Speicher mit Spinnweben und altem Gerümpel eignet sich natürlich bestens für gruselige Gespensterspiele. Denken Sie daran, wenn Sie mit Ihren Kindern spazieren gehen, und erlauben Sie die Mitnahme von diversem Spielzeug. Das gilt auch für Besuche bei Tan-

te Anna & Co, wo es dem Kind normalerweise todlangweilig wäre, könnte man nicht in der Garageneinfahrt so tolle Autorennen für Miniflitzer veranstalten …

Überraschungsbesuche – von Auktion bis Zoo

- ♥ Wir besuchen die Affen im *Zoo*. Toll, wenn so ein Besuch wirklich begrenzt ist und nicht der ganze Park abgelaufen werden muss. Da hat man dann nämlich wirklich mal Zeit, diese geliebten Tiere zu beobachten und vielleicht sogar an Ort und Stelle zu malen!
- ♥ Samstagvormittag auf dem *Wertstoffhof*. Bringen Sie Ihre recyclebaren Abfallprodukte zum Wertstoffhof, und sprechen Sie mit Ihrem Kind über die Vorteile der Wiederverwen-

dung von diversen Materialien.
Schauen Sie zu, was die anderen
Leute bringen, in welchen Contai-
nern die Sachen verschwinden und
welche Maschinen und Fahrzeuge
auf dem Wertstoffhof gebraucht
werden. So ein Besuch ist nicht nur
eine interessante Beschäftigung für
Kinder, sondern schult auch das Um-
weltbewusstsein.

- ♥ Erntezeit? Dann nichts wie hin zu
den Selbst-*Pflückanlagen!* Egal ob es
sich um Erdbeeren, Bohnen oder
Kartoffeln handelt: Die Kinder werden ihren Spaß haben.
- ♥ Eine *Gemäldesammlung* besuchen.
Vorher suchen Sie ein Bild aus einem
entsprechenden Führer oder Katalog
aus, lesen alles Wissenswerte darüber (bzw. lesen vor) und besuchen
und bestaunen dann genau dieses
Bild. Nicht vergessen: Am Schluss
kaufen Sie im Andenkenladen eine
Postkarte des Gemäldes und hängen
das Bild im Kinderzimmer auf.
- ♥ *Das Geburtshaus.* Kinder lieben es,
die Geschichte von der eigenen Ge-
burt zu hören. Darum ist es auch besonders spannend, das Haus zu besuchen, in dem man geboren wurde.
Falls es sich um ein Krankenhaus
handelt, dann fragen Sie doch mal
nach, ob Sie mit Ihrem Kind die Neu-
geborenen durch die berühmte Glas-
scheibe anschauen dürfen. Und

wenn Sie tatsächlich in einem Geburtshaus waren, dann findet sich
vielleicht noch die Hebamme, die Ihrem Kind auf die Welt geholfen hat.
- ♥ Ein *Abenteuerspielplatz.* Die gibt es
in den meisten Städten, und Ihr Kind
kann unter Anleitung nach Herzenslust werkeln. Auch attraktiv, wenn
Sie einfach in einen anderen Stadt-
teil fahren, den dortigen Spielplatz
erkunden und Probe spielen.
- ♥ Außer Gemälden gibt es noch alles
mögliche andere auf Ausstellungen
zu besichtigen. Besonders spannend
ist z. B. die *Mineralienbörse,* eine In-
sektenbörse oder die Hunde- oder
Kaninchenausstellung.
- ♥ *Auktionen* sind ein faszinierender
Ort für Erwachsene und größere
Kinder. Schon allein die Art, wie die
einzelnen professionellen Bieter steigern, ist spannende Unterhaltung.
Und wer weiß, vielleicht kommen Sie

dann selbst mit einem Zuchtstier oder einem alten Ölgemälde wieder nach Hause ...

❤ Besonders interessant: Kofferversteigerungen am Flughafen!

Ungewöhnliche Orte

❤ Der *Friedhof* ist ein besonderer Ort, an dem sich die Menschen meist leise und ruhig bewegen. Ein Kind spürt sofort die Atmosphäre und wird meist gleich selbst viel ruhiger. Betrachten Sie mit dem Kind die alten Grabsteine, und finden Sie heraus, was man über den Verstorbenen alles erfährt. Wie alt wurde er? Was war er von Beruf? In welcher Jahreszeit ist er geboren? Wer ist zusammen mit ihm im gleichen Grab beerdigt worden. Wie waren die Personen miteinander verwandt?

❤ Auf einen Fernsehturm kommen Sie nur mit dem Aufzug. Da ist es doch viel spannender, zu Fuß einen *Kirchturm* oder einen Aussichtsturm zu

erklettern und die Welt von oben zu betrachten.

❤ Wenn Sie sich das zutrauen: Es gibt spezielle Wettläufe in Treppenhäusern hoher Gebäude – Wer wird wohl zuerst die Aussicht genießen können?

Hinterher!

Vor dem Haus oder im Garten bleiben alle Familienmitglieder eine Weile stehen, beobachten die Umgebung und hören genau hin, ob sich da wohl ein geeignetes Insekt zum Beschatten nähert. Eine Hummel wäre z. B. ein solches Tier. Dann schaut man ihr genau zu, wie sie von Blüte zu Blüte brummelt, wo sie anhält, welche Pflanzen sie besonders gerne besucht und wie lange sie dort jeweils verweilt. Alle laufen ihr nach und versuchen, das Insekt so lange wie mög-

Pfeifen

Jedes Kind ist stolz, wenn es pfeifen kann. Am Anfang ist es leichter, die Luft einzusaugen als auszustoßen. Wer auf zwei Fingern pfeifen kann, sollte seinem Kind auch das beibringen. Keine Angst vor »schlechten Manieren«. Es ist für Kinder, die auf einer Wanderung oder im Vergnügungspark verloren gehen, eine wichtige »Rettungshilfe«.
Tipp: *Manche Familien vereinbaren einen ganz speziellen Erkennungspfiff, z. B. den Anfang eines Volkslieds oder einer Filmmusik.*

lich zu beschatten. Ist es trotz intensiver Fahndung nicht mehr aufzuspüren, sucht man einfach ein anderes Tier. Wer es gerne gemütlich hat, sucht sich eine Schnecke, und wer es sportlich liebt, wählt einen Schmetterling zum Beschatten aus.

Das Wochenende, an dem die Familie davonlief . . .

Einfach einmal auf und davon laufen, das will jeder Mensch ab und zu. Gar kein bisschen traurig sondern sehr lustig ist es, wenn die ganze Familie beschließt, gemeinsam davonzulaufen oder vielleicht noch besser: davonzufahren. Alle Aufgaben und Vorhaben werden einfach zur Seite geschoben, die Familie steigt ins Auto, und schon geht's los: Einmal durch den Ort und um den Ort herum. Ein Spaziergang durch den Nachbarort nebst Spielplatzbesuch zum Ausprobieren der dortigen Spielplatzgeräte, dann ein Eisdielentest im übernächsten Ort, ein Nickerchen am Waldrand und am Schluss den Sonnenuntergang von einem besonders schönen Aussichtspunkt aus genießen. Klar, dass man erst die Heimfahrt antritt, wenn alle kleinen Familienmitglieder so richtig zufrieden und müde geworden sind.

Der Mondschein-Spaziergang

Im Kalender wird nachgesehen, wann eine Vollmondnacht auf ein Wochenende fällt. Ist es dann so weit, geht die ganze Familie, warm eingepackt, hinaus, sobald der Mond aufgegangen ist, und macht einen Spaziergang bei Mondlicht.

Vieles wird einem ganz neu und ungewöhnlich erscheinen: Büsche und Häuser sehen ganz verändert aus.

Irgendwo wird eine kleine Rast gemacht. Alle setzen sich eng aneinander und lauschen mit geschlossenen Augen in die Nacht. Welche neuen, ungewöhnlichen Geräusche sind zu vernehmen?

6.
Nur die Ruhe

*Ü*ben Sie sich am Wochenende in Gelassenheit! Gelassenheit in der Familie hat viele Gesichter: Pfeifen Sie auf alles, was nicht wirklich wichtig für das Familienleben ist, und lassen Sie zumindest am Wochenende mal »alle Fünfe grade sein«. Es ist doch wirklich nicht wichtig, ob die Fenster geputzt sind, ob alle Betten gemacht sind, und selbst die Enttäuschung darüber, dass die Älteste eine Fünf in Bio bekommen hat, ist es nicht Wert, schlechte Laune zu verbreiten. Gelassenheit führt zur inneren Ruhe und zur Geduld mit sich selbst und seinen Mitmenschen. Davon profitieren alle Familienmitglieder viel mehr als von den tausend kleinen Unwichtigkeiten, zu deren Erfüllung man durchs Leben hetzt.

Rückenmassage

Alle Familienmitglieder setzen sich so im Kreis auf den Boden, dass jeder den Rücken seines »Vordermannes« vor sich hat.

Ein Spieler beginnt und streicht sanft über den Rücken des vor ihm Sitzenden. Der so Gestreichelte beginnt sofort seinerseits, den vor ihm Sitzenden auf gleiche Weise zu behandeln. Der Spieler, der begonnen hat, macht aber sofort weiter. Jetzt klopft er seinem Vordermann vielleicht auf die Schultern, kitzelt ihn ein bisschen, massiert dann den Rücken kräftig usw.

Jede Handlung wird sofort von jedem Empfänger weitergegeben, so dass auch der Initiator der Berührungen etwas zeitverzögert die Rückenmassage erhält.

Ich spüre deine Hände

Immer zwei Spieler, z. B. der Papa und das Kind, stellen sich einander gegenüber, legen ihre Handinnenflächen anei-

---

Erste Hilfe gegen Stress

Sorgen Sie – vor allem auch am Wochenende – dafür, dass Sie Ihren eigenen Stress bekämpfen, z. B. so:

- *Stellen Sie sich ans offene Fester, und atmen Sie tief durch! Achten Sie besonders auf ein langes Ausatmen.*
- *Zählen Sie in Gedanken langsam bis zehn, bevor Sie etwas tun oder sagen!*
- *Flitzen Sie einmal, am besten allein, ums Haus!*
- *Schließen Sie Ihre Augen! Allein durch den Ausschluss visueller Reize beruhigen sich die Nerven schnell und effektiv.*
- *Suchen Sie Körperkontakt. Die allerschönste und am schnellsten wirkende Art der Entspannung ist die Umarmung von einer geliebten Person.*
- *Stellen Sie sich mit dem Rücken an eine Wand, und versuchen Sie, mit aller Kraft die Wand wegzuschieben.*
- *Stellen Sie sich ans weit geöffnete Fenster und atmen Sie ruhig ein und aus. Dann schließen Sie die Augen und legen die Kuppen von Zeigefinger und Mittelfinger an die Schläfen. Mit leichtem Druck kreisen die Fingerkuppen zehnmal auf den Schläfen. Dabei ruhig und entspannt atmen.*

nander und schließen die Augen. So bleiben sie eine Weile stehen und spüren die Wärme, die die Hand des Partners ausstrahlt. Auf das Zeichen eines Beobachters hin drehen sich beide einmal um ihre Achse und versuchen, immer noch mit geschlossenen Augen, die Handflächen des Partners wiederzufinden.

Die Überraschungsdose

Zwanzig kleine Gegenstände werden für die Füllung der Überraschungsdose gebraucht, z. B.: ein kleiner Kofferschlüssel, eine Büroklammer, eine Filzstiftkappe, ein Legostein, …Eine gut verschließbare Dose wird nun abwechselnd mit einer Handvoll Maiskörnern (Vogelfutter, Linsen,…) und zwei bis drei der Gegenstände gefüllt. Zum Schluss versiegelt man den Schraubverschluss der Dose noch mit Klebestreifen, klebt eine Liste mit den versteckten Dingen auf den Dosendeckel, und dann kann gespielt werden. Das Kind schüttelt die Dose immer wieder und versucht, möglichst viele der winzigen Dinge aufzuspüren.

Ein tolles Spielzeug, das sich auch prima zum Zeitvertreib für kranke Kinder oder für lange Autofahrten eignet.

Die Rückentrommeln

Immer zwei Familienmitglieder spielen miteinander. Einer sitzt auf seinem Stuhl, schließt die Augen und lässt seinen Kopf entspannt auf die Brust sin-

Mir ist es zu laut!

Krach ist ein ernst zu nehmender Stressfaktor. In einer Familie mit mehreren Kindern ist Krach natürlich nicht auszuschließen, aber bestimmte Dinge kann man auf einem erträglichen Geräuschpegel halten.

- *Kopfhörer sind eine sinnvolle Anschaffung. Wer am Computer spielt oder Musik hört, setzt sich die Dinger auf die Ohren und verhindert dadurch, dass alle anderen durch diese Geräusche von ihren Tätigkeiten abgelenkt werden.*
- *Verkehrs- oder Baustellenlärm ist nervtötend und leider nur durch geschlossene Fenster einigermaßen zu reduzieren. Achten Sie darauf, dass die Zimmer immer wieder zwischendurch gut gelüftet werden.*
- *Musik ist ein schnelles Mittel gegen Stress. Die Melodien, Rhythmen und Töne beeinflussen das seelische Wohlbefinden. Klassische Musik, besonders von Mozart und Vivaldi, wirken auf die meisten Menschen beruhigend und entspannend. Nebenbei verbessert das Singen oder Musikhören die Gehirndurchblutung, senkt den Blutdruck und verstärkt die Sauerstoffzufuhr. Bedienen Sie sich während des Wochenendes dieser positiven Auswirkungen!*

ken, Der Partner steht hinter ihm und trommelt sanft mit beiden Händen auf seinen Rücken. Der Betrommelte öffnet entspannt seinen Mund und lässt einen tiefen Ton ertönen, der durch das Trom-

Schaukelstuhl

Ein Schaukelstuhl ist für die ganze Familie eine sinnvolle Anschaffung, weil das Schaukeln sehr entspannend und beruhigend wirkt. Sogar Teenager lernen lieber und besser, wenn sie die Vokabeln oder Sachtexte beim Schaukeln lesen.

meln auf seinem Rücken ganz besonders klingt. Nach einer Weile tauschen die Beiden ihre Rollen.

Langer Atem

Auf ein Zeichen des Spielleiters holen alle Spieler gleichzeitig tief Luft und pfeifen einen beliebigen Ton. Wem die Puste ausgeht, der scheidet aus. Wer hat den längsten Atem?
Tipp: Wer nicht pfeifen kann, der singt, summt oder brummt den Ton.

Sport in Zeitlupe

Die Spieler atmen ruhig durch den Bauch. Einer wird der Trainer und gibt vor, was alle Sportler in höchst uneiligem Zeitlupentempo nachmachen sollen.
Zuerst strecken alle ihre Arme hoch in die Luft und beschreiben einen weiten Kreis. Langsam, ganz langsam heben sie ihre Arme, strecken sie hoch in die Luft und brauchen mindestens noch eine Minute, bis sie mit ihren Armen die Kreise beschrieben haben. Vielleicht ist danach noch eine Kniebeuge in Zeitlupe an der Reihe, bevor sich die Sportler dann ganz langsam flach auf den Boden legen, um erstmal von der Anstrengung etwas auszuruhen.

Malen wir was?

Malen beruhigt und entspannt. Wer gerne etwas Neues ausprobiert, der bereitet jetzt Milchfarben zum Malen her: Eine kleine Dose Kondensmilch wird auf mehrere Schälchen verteilt. In jedes Schälchen tropft man dann zwei bis drei Tropfen Lebensmittelfarbe. Natürlich nicht nur rot, blau, gelb und grün! Die Farben werden nach Herzenslust gemischt. Zum Malen nimmt man gewöhnliche Schulpinsel und wählt am besten etwas festeres Papier, z. B. Tapetenreste oder Tonpapier.

Gedankenausflug

Alle bis auf den »Reiseleiter« schließen die Augen. Der Reiseleiter denkt an einen Ort, den alle anderen auch kennen, und beschreibt ihn. Er beschreibt, was er in seinen Gedanken sieht und hört, riecht und spürt. Es könnte sich z. B. um den Zoo handeln, den Spielplatz im Stadtpark oder das Eisstadion. Wer den Ausflugsort errät, darf als nächster die Spieler zu seinem Zielort führen.

Der Garten-Pool

Ein altes Kinder-Planschbecken ist die Hauptperson für diesen ruhigen Zeitvertreib. Das Planschbecken wird aufgeblasen und z. B. auf dem Balkon mit Gartenerde gefüllt. Dann dürfen die Kinder im Gartencenter kleine Pflänzchen oder Samen aussuchen, die gemeinsam im Garten-Pool eingesetzt werden. Tomaten, Radieschen, Kresse und verschiedene Kräuter eignen sich prima.

Jetzt wird gegossen und gejätet, und jeder freut sich, wenn tatsächlich eines Ta-

Montag lässt sein blaues Band wieder flattern ...

Lehrer und Erzieherinnen können ein Lied davon singen, wie schwierig es ist, am Montag zu unterrichten bzw. ein einigermaßen geordnetes Gruppenverhalten zu erreichen. Die Kinder sind vom Wochenende körperlich, aber vor allem seelisch so strapaziert, dass oftmals der Montagvormittag allein dafür verwendet werden muss, normale Arbeitsweisen und ein normales Sozialverhalten wiederherzustellen.

Da gibt es z. B. die kleinen Rambos, die aufgeheizt durch zahllose Filme erst mal ihren Aggressionen Luft machen müssen. Da gibt es Kinder von geschiedenen Eltern, die das letzte Wochenende beim Umgangsberechtigten verbrachten und nun an ihren frisch aufgerissenen Wunden in Sachen Trennungsschmerz und Schuldgefühlen leiden. Und natürlich gibt es auch diejenigen, denen die Eltern alle erdenklichen Freuden der Konsumgesellschaft ermöglicht haben, die beim Gletscherskilaufen waren oder beim Tauchen in südlichen Gefilden und dann schließlich am Montag völlig erholungsbedürftig in die Schule kommen. Ja, und dann gibt es noch diejenigen, die montags gar nicht mehr oder nur noch selten Schule oder Kindergarten besuchen, aus Angst, das, was da in der kommenden Woche auf sie zukommt, einfach nicht mehr zu schaffen, und auch aus Angst vor den Mitschülern, die montags aus besagten Gründen noch aggressiver sind als sonst. Sie flüchten sich in Krankheiten und ziehen es vor, den Montag im Bett vorübergehen zu lassen.

Überlegen Sie sich, wie Sie Ihr Kind einigermaßen »montagsfit« machen können – dann beherzigen Sie die Tipps, die ich Ihnen auf den folgenden Seiten und überall im Buch verteilt vorstelle.

ges die Ernte feierlich aufgetischt wird. *Tipp:* Ein paar kleine Löcher im Boden des Pools dienen der Entwässerung.

Zuhören!

Lassen Sie Ihr Kind von seinen Erlebnissen, Gefühlen, Zukunftsvisionen erzählen, und hören Sie ihm mit beiden Ohren zu! Wenn Sie das Gefühl haben, dass Ihr Kind zu wenig von seinen Erlebnissen im Kindergarten oder in der Schule erzählt, stellen Sie ihm öfter mal Fragen mit offenem Ende. Also nicht: »War es schön in der Schule?«, sondern: »Was war letzte Woche das Schönste in der Schule?«

Mein Glücksplatz

»Was wird wohl die nächste Woche alles bringen?«, das ist am Sonntagabend, ob bewusst oder unbewusst, die Hauptursache kindlicher Unruhe. Wer heute gar nicht einschlafen kann, der »beamt« sich im Geheimen zu seinem Glücksplatz. Das kann die Hängematte in Omas Schrebergarten sein, der Platz am Strand, wo man die schönste Sandburg der Welt gebaut hat, oder der kleine Bach im Wald, wo man mit seinen Plastikpiraten erbitterte Seeschlachten nachgestellt hat. Jeder hat so einen Glücksplatz, und genau dort richtet man sich in Gedanken sein Nachtlager her, kuschelt sich gemütlich unter die warme Decke und schläft meistens schnell und behaglich ein.

»Nightservice«

Überraschen Sie ihr Kind, das bereits ins Bett gegangen ist, und servieren Sie ihm auf einem kleinen Tablett eine Tasse warme Milch. Setzen Sie sich noch ein Weilchen zum Kind, und reden Sie mit ihm über den vergangenen Tag und die

Wochenende-Ende gut – alles gut!

So wie das Wochenende ausklingt, so wird sich das Kind am nächsten Morgen fühlen. Beginnen Sie schon frühzeitig mit ruhigen Tätigkeiten, und lenken Sie den Sinn Ihres Kindes sanft auf den nächsten Tag. Vielleicht ist ja doch noch eine Aufgabe zu erledigen, das Sportzeug bereitzulegen, ein Absatz im Erdkundebuch durchzulesen, die Stifte im Federmäppchen sind zu spitzen usw. Kuscheln, eine Geschichte vorlesen, malen oder basteln, ein warmes Bad nehmen mit Mama oder Papa als Besucher, die ein Weilchen am Badewannenrand sitzen: Mit solchen Tätigkeiten klingt der Sonntagabend entspannt aus, und das Kind ist gerüstet für die kommende Woche.

kommende Woche. Vielem kann man im Gespräch den Schrecken nehmen, und das Kind wird nicht mehr mit solchem Unbehagen an den morgigen Montag denken.

Die Montagmorgen-Überraschung

Für jedes Kind wird, sobald es eingeschlafen ist, eine kleine Überraschung im Zimmer versteckt. Das Kind weiß, dass es morgen früh als erstes nach der Überraschung suchen darf. Wetten, dass es kaum Probleme beim Aufstehen gibt?

7.
Immer wieder sonntags

*K*inder lieben es, wenn alles seinen gewohnten Lauf nimmt.
Das gibt ihnen ein Gefühl von Geborgenheit und Sicherheit. Nach dem
Mittagessen und dem Nickerchen von Opa warten sie auf den Spaziergang
in den Wald. Und sogar der sollte bitte den gewohnten Weg entlang
führen. Kaffeetrinken, spielen, Omas weltberühmten Kartoffelsalat
zum Abendessen ... Wenn es nach den Kindern geht, könnte das
Wochenende ein Leben lang genau gleich ablaufen.
Pflegen Sie das Zusammengehörigkeitsgefühl in der Familie, indem Sie bestimmte Familienrituale einführen, z. B.: ein gemeinsamer abendlicher Spurt
um den Wohnblock am Freitagabend, ein bestimmtes Gericht, das es immer
wieder am Samstag zum Mittagessen gibt, ein beliebtes Spiel, das alle zusammen am Sonntagabend spielen ...

Die Freitagabend-Lotterie

Jedes Familienmitglied darf einen oder auch mehrere Wünsche vorbringen, was man am Wochenende doch endlich mal machen könnte, bspw. in den Tierpark gehen, die Eisenbahn aufbauen, die Gemüsebeete jäten (?!), ins Eislaufstadion gehen usw.

Jeder einigermaßen umsetzbare Wunsch wird auf einen Zettel geschrieben, und die zusammengefalteten Zettel werden in einen Hut gelegt.

Dann darf das jüngste Mitglied der Familie Glücksfee spielen und mit geschlossenen Augen ein Los ziehen. Was auch immer auf dem Zettel steht, wird von allen ohne Murren akzeptiert und umgesetzt.

Freitagabend-Witze

Das Wochenende beginnt, und alle sind guter Laune. Jeden Freitagabend darf deshalb reihum jeder beim Abendessen einen Witz oder auch mehrere erzählen. Wenn das immer wieder freitags stattfindet, sammeln die Familienmitglieder schon unter der Woche die besten Witze, um sie zu dieser Gelegenheit vorzubringen. Witze erzählen fördert nicht nur den sprachlichen Ausdruck und das pointierte Erzählen, sondern auch auf fröhliche Weise das Gedächtnis und die Konzentration!

Spaziergang

An jedem Wochenende sollte ein Elternteil Zeit finden, mit dem Kind einen richtigen Spaziergang von mindestens einer halben Stunde zu machen. Was man da so alles hört und lernt, ist viel wert.

Guten Sonntag, liebe Kinder

So ein Sonntag wird doch gleich noch viel angenehmer, wenn man weiß, dass

♥ man am Morgen ganz bestimmt mit einer liebevollen Umarmung der Eltern begrüßt wird,

Auf dem Teppich bleiben!

Warum enden so viele »schöne Wochenenden« in tragischen Familienstreitereien?

Ganz einfach: Jeder hatte zu viele und meistens auch viel zu hohe Erwartungen. Streit ist hier vorprogrammiert. Je höher die Erwartungen der Einzelnen sind, umso größer die Chance, bittere Enttäuschungen zu erleben. Darum: Immer schön auf dem Teppich bleiben! Besonders berufstätige Eltern sollten sich klar machen, dass es ein Fehler ist, alles, was sie glauben unter der Woche versäumt zu haben, nun am Wochenende »wieder gut« machen zu müssen.

Vor dem Wochenende sollte mit der ganzen Familie darüber gesprochen werden, was sich jeder Einzelne wünscht. Dann sollten akzeptable Kompromisse geschlossen werden. Je geringer die Erwartungen an die anderen, umso sicherer wird's ein »schönes Wochenende«!

- der Sonntag erst mal mit einem Spiel beginnt,
- die Mama oder der Papa (noch im Elternbett) eine Geschichte oder ein Kapitel aus einem tollen Buch vorlesen wird. Fest an die Eltern gekuschelt könnte es vielleicht sogar passieren, dass man noch ein bisschen einschlummert.
- ein Familienquiz veranstaltet wird,

Schnupper-Doping

Wohlgerüche steigern erwiesenermaßen das Wohlbehagen, wohingegen schlechte Gerüche in der Wohnung Gereiztheit, Müdigkeit, ja sogar Depression zur Folge haben können. Angenehme Düfte kann man problemlos mit Duftölen erzielen. Ein paar Tropfen auf einen porösen Stein träufeln, und schon riecht es wunderbar frisch oder gemütlich. Die wirksamsten Duftöle gegen Stress sind: Zitrone, Limette, Grapefruit und Orange.

- eine Witzerzählrunde der Auftakt zu einem fröhlichen Sonntag sein wird oder der Sonntag mit fetziger Musik und einem ebensolchen Tanz beginnt,
- ein Überraschungsgast (Oma, Opa, der Nikolaus, die Freundin aus dem letzten Urlaub in Italien ...) angesagt ist und alle rätseln, wer das wohl sein mag.

Monatsanfang

Das erste Wochenende eines neuen Monats ist etwas Besonderes – vielleicht ist es sogar ein kleines Monats-Begrüßungsfest wert. Man kann z. B. gemeinsam ein bestimmtes Getränk zubereiten (Maibowle für Kinder, Pfefferminztee aus eigenem Anbau ...), das Kinderzimmer oder die Haustür passend zum neuen Monat dekorieren und mit allen Familienmitgliedern darüber reden, welche tollen Ereignisse der neue Monat bereithält. Da sollten z. B. besondere Feiertage genannt werden, private Festtage, Kindergarten-, Schul-, Kirchen- und Gemeindeveranstaltungen und vieles mehr.

Das Überraschungs-Essen

An einem Wochenende im Monat darf jedes Familienmitglied einen »Geheimgast« zum Abendessen einladen. Das Essen selbst und das Tischdecken wird von allen Familienmitgliedern ge-

meinsam übernommen, wobei viel gekichert wird und verwirrende Andeutungen über die »Geheimgäste« die ganze Sache sehr spannend machen.

Der »Ja«-Sonntag

Während der Woche passiert es leider oft, dass das Kind etwas mit Mama oder Papa spielen, basteln, oder gestalten möchte, für das der Erwachsene keine Zeit hat und den Wunsch nur mit »Nein« oder mit »Ein anderes Mal« abtut. Für genau diese Gelegenheiten wird einmal im Monat der »Ja«-Sonntag eingeführt. Alle nicht erfüllten Wünsche, wie: Die Eisenbahn (den Kaufladen …) aufbauen, in den Zoo gehen, Oma im Schrebergarten besuchen werden auf Zettel geschrieben und in einem Schraubglas aufbewahrt. Am »Ja«-Sonntag darf das

Der Extra-Sonntag

Alleinerziehende leiden oft darunter, dass sie zwar den Alltag mit dem Kind verbringen dürfen, aber der Sonntag mit all seinen Annehmlichkeiten vom anderen Elternteil belegt ist. Das Kind erfährt: Bin ich bei der Mama, muss ich in die blöde Schule, Hausaufgaben machen, Mülleimer runtertragen und Gemüse essen. Bin ich beim Papi, gehen wir nach dem Zoo in den Zirkus, dann zu McDonalds und am Ende noch ins Kino.

Damit hier ein bisschen Ausgleich geschaffen wird, gibt es einmal im Monat den »Extra-Sonntag«. Dieser besondere Sonntag wird am besten auf einen Feiertag gelegt, der mitten in der Woche stattfindet. Gibt es den in einem Monat einmal nicht, wird eben ein anderer Tag, der Mama und Kind am besten passt, zum Extra-Sonntag erhoben. An diesem Tag könnte man vielleicht ins Eisstadion oder ins Schwimmbad gehen, eine kleine Radtour unternehmen oder ins Kino gehen.

Kind einen Zettel ziehen, und dann wird dieser Wunsch erfüllt.

Die Kampfhunde

Egal ob sich gerade die Geschwister streiten oder zwei Freunde: Fordern Sie die beiden auf, sich anzubellen und anzuknurren! Das beginnt meistens laut und wütend und endet schon nach kurzer Zeit in hemmungslosem Gelächter. Und wer lacht, kann gar nicht mehr gut knurren und bellen, und schon ist der Streit verflogen.

Tolle Schwester, toller Bruder

Ältere Geschwister können so tolle Sachen machen, dass die Kleinen nur so quietschen vor Freude bzw. ehrfürchtig staunen. Ganz egal, welche Fähigkeiten in Ihren Teenagern stecken, bitten Sie sie um einen Auftritt am nächsten Sonntag! Manche Kinder können in diesem Alter z. B. schon ein Musikinstrument spielen

Es grünt so grün ...

Zimmerpflanzen verbessern das Raumklima nachweislich und wirken beruhigend. Darüber hinaus bringen sie ein Stück Natur ins Haus und geben den Kindern die Möglichkeit, sich um etwas Lebendiges zu kümmern. Anfangs müssen Sie sicher noch selbst dafür sorgen, dass die Gieß-Zeiten eingehalten werden, aber mit der Zeit gehört das für Ihr Kind zur Alltagsroutine.

Immer wieder sonntags: Geschwisterstreit

Harmonisch soll es zugehen am Sonntag, alle wollen ihren Spaß haben und die freien Tage genießen. Manchmal stellt sich das traute Bild tatsächlich ein, aber manchmal eben auch nicht. Auf den ersten Blick ist nicht leicht zu erkennen, dass Kinder von ihren Auseinandersetzungen auch profitieren und die Sonntage sich wunderbar dazu eignen. Auseinandersetzungen sind eine wichtige Voraussetzung für ein intaktes, intimes Familienleben. Deshalb: Unterbinden Sie den Streit unter den Kindern nicht, aber bestehen Sie darauf, dass diese lautstarken Auseinandersetzungen nicht in Ihrer Nähe, bzw. in der Nähe andere Geschwister stattfinden. Vielleicht gelingt es sogar, die Streithähne und -hühner hinterher wieder zu versöhnen, damit sie nicht das ganze Wochenende schlechte Laune haben.

oder rappen, mache können jonglieren oder zaubern, einige fahren auf Rollerblades, dass sogar den Erwachsenen der Angstschweiß auf der Stirn steht. Andere Teenies können Stimmen imitieren, oder sie lassen sich als Elefanten oder Ersatzponys auf alle Viere nieder und gestatten den Kleinen großzügig, auf ihrem Rücken zu reiten.

Wintersonntag im Sommer

An einem Sonntag im Sommer kühlt sich die ganze Familie ab, indem sie den Wintersonntag ausruft! Am Abend vorher stellt jeder seinen Teller oder einen großen Schuh vor die Tür. Wer weiß, vielleicht liegt ja am Sonntagmorgen eine kleine Überraschung darauf. Ein kleiner Schneemann, wohlweislich im Winter eingefroren, wird aus dem Tiefkühlschrank geholt, auf einen Teller gesetzt und dient als Glanzstück auf dem Frühstückstisch.

Alle singen Winterlieder, backen zusammen Plätzchen, und am Nachmittag gibt's die große Schneeballschlacht im Garten. Statt echter Schneebälle behilft man sich mit selbst geknüllten Zeitungsbällen.

Am Abend versammeln sich dann die Familienmitglieder und Freunde bei einem Becher Kinderpunsch am Feuer (Lagerfeuer, Kachelofen …) und erzählen sich gegenseitig Geschichten vom Winter, vom Schnee und von Weihnachten.

Tipp: Genauso lustig: Ein Sommersonntag im Winter (mit Liegestuhl im Wohnzimmer, Sonnenbrille und Korb zum Picknick im Freien, eisgekühlten Getränken …)

Lach mal wieder!

Lachen ist gesund, bringt Farbe ins Leben und ist eine unerschöpfliche Kraftquelle. Wer mit dem Partner und den Kindern oft gemeinsam lacht, entwickelt mehr Gelassenheit und mehr Sicherheit im Umgang mit ihnen. Darüber hinaus vermittelt Lachen eine große Portion Zuversicht und grundsätzlich eine positive Haltung zum Leben.

8
Highlights
für Schlechtwettertage

*D*er Himmel hat sich zugezogen, seit Stunden klopfen die Regentropfen an die Fensterscheiben. Wenn Sie verhindern wollen, dass sich Ihre Wohnung in eine mobile Fahrradwaschanlage oder in ein Feuchtbiotop für mitteleuropäische Nacktschnecken verwandelt oder sich in Ihren vier Wänden der große Wochenendfrust breit macht, sollten Sie schnell ein paar Lichtblitze aussuchen, die Ihr Kind auf andere Gedanken bringen und sonnige Gemüter ins Regengrau zaubern.

Wochenend-Gesetze

Jeder verregnete Samstag und jeder langweilige Sonntag wird schnell aufregend und lustig, wenn alle Familienmitglieder gemeinsam neue Gesetze aufstellen und diese in einem speziellen Gesetzbuch niederschreiben. Da könnte z. B. stehen: »Bevor jemand zu reden beginnt, klatscht er dreimal in die Hände« oder »Wer die Küche betritt, verneigt sich vor dem Kühlschrank«. Klar, dass alle die Gesetze unterzeichnen und strengstens auf ihre Einhaltung achten.

Trocken durch den Regen

Es regnet in Strömen, und eigentlich will niemand gerne hinaus. Dann ist der Moment für das »Wir bleiben trocken«-Spiel gekommen. Zuerst überlegen alle gemeinsam, wohin unser Weg führen soll, z. B. zur Dorfkirche. Dann gehen alle hinaus, schleichen zuerst ganz eng an der Hauswand entlang bis unters Garagen-

Bewegungsbedürfnis

Kinder sind nicht zimperlich, und frische Luft tut gerade den Energie geladenen Kindern gut. Angestauter Bewegungsdrang ist die häufigste Ursache für die Unausgeglichenheit und üble Laune von durch Schlechtwetter geschädigten Kindern am Wochenende.

dach, von hier aus rennen sie blitzschnell unter das Blätterdach des Baumes, der vor dem Nachbarhaus steht, von hier hinüber zum Vordach des Lebensmittelladens usw., bis alle Familienmitglieder vor der Tür der Dorfkirche stehen. Voilà! Geschafft!

Pfützen hüpfen

Bei diesem wilden Spiel sind wasserdichte Kleidung und Gummistiefel dringend nötig, obwohl man es erst spielt, wenn der Regen schon aufgehört hat.
Man sucht sich eine kleine Pfütze und springt mit Anlauf mitten hinein, dass das Wasser nur so herausspritzt. Das Ganze macht man gleich noch mal und noch mal, bis die Pfütze leer ist. Besonderen Spaß bringt das Pfützen-Spiel natürlich, wenn die Erwachsenen mitmachen!

Der Überraschungsbaum für Vögel

Ein Spiel für kalte Wintertage: Gleich nach dem gemütlichen Sonntagsfrühstück ziehen sich alle Familienmitglieder

Frohe Lieder

Traurige Mienen an einem verregneten Wochenende lassen sich schnell verscheuchen, wenn alle Familienmitglieder zusammen singen. Singen stärkt die Gemeinschaft, schafft Harmonie und macht froh (die Erwachsenen ebenso)!

Gummistiefel-Weithoppeln

Dieses Spiel macht zur Not auch alleine Spaß, aber mit vielen anderen zusammen ist es natürlich lustiger. Einer nach dem anderen schlüpft an der Startlinie mit einem Fuß zur Hälfte aus seinem Gummistiefel, holt mit diesem Bein Schwung und lässt den Stiefel dann nach vorne möglichst weit durch die

warm an und gehen hinaus in die winterliche Kälte, um den Vögeln einen Frühstücksbaum zu schmücken.

Ein Baum wird ausgewählt, an dem das Festessen serviert wird. Und dann behängt man den Baum mit diversen Leckerbissen, z. B.:

Futterzapfen

Am Zapfenende eines beliebigen Nadelbaums wird zuerst ein Faden angebracht, mit dessen Hilfe man den Futterzapfen später an einen Ast des Frühstücksbaumes hängen kann. Dann bestreicht man den Zapfen mit Erdnussbutter und wälzt ihn in Vogelfutter.

Popcornkette

Eine Schüssel voll Popcorn wird zubereitet. Dann fädelt man mit Hilfe einer Nadel und eines sehr langen, dünnen Fadens die »Pop-Körner« auf und befestigt sie am Überraschungsbaum.

Futterkörbchen

Halbierte und ausgelöffelte Grapefruit- oder Orangenschalen werden mit Vogelfutter gefüllt und mit drei gleich langen Schnüren an den Baum gehängt.

Luft sausen. Wer seinen Stiefel am weitesten schleudern konnte, hat zwar gewonnen, muss dafür aber auch die weiteste Stecke auf dem anderen Bein hoppeln, bis er zum Landeplatz des Partnerstiefels gelangt.

Zelten bei Regen

Camping bei Regenwetter ist besonders gemütlich, wenn das Zelt im Wohnzimmer steht. Wer es hat, kann ein richtiges kleines Zelt aufbauen. Wer keines besitzt, konstruiert schnell eines, bestehend aus einem Tisch und mehreren großen Tischdecken oder Planen darüber. Das Zeltinnere wird gemütlich ausgepolstert, und dann werden die Schlafsäcke ausgerollt.

Und weil Zelten bekanntlich großen Hunger macht, könnte da bald jemand mit einem gut gefüllten Picknickkorb vorbeikommen ...

Besonders toll ist es, wenn man »echt« im Zelt schlafen darf – mit der ganzen Familie oder doch zumindest mit dem allerbesten Freund.

Kettenreaktion

Jede Menge Dominosteine werden hochkant etwa fingerbreit voneinander entfernt hintereinander aufgestellt. Tippt man den ersten an, bringt der den zweiten Stein zum Umstürzen, der wiederum stößt den dritten um usw., bis endlich alle Steine umgefallen sind. Ein toller Anblick!

Tipps: Ein paar gute Freunde bringen ebenfalls ihre Dominosteine mit. Alle zusammen stellen dann eine ganz lange Dominokette auf. Damit die Steine nicht schon vor Fertigstellung der Kette versehentlich umfallen, werden während des Aufbauens Lücken gelassen, die erst zum Schluss aufgefüllt werden.

Der Clownkarton

Ein möglichst großer Karton wird mit der Öffnung nach unten aufgestellt. Schnell malt ein Erwachsener ein Clownsgesicht mit einer besonders gro-

---

Kontrastprogramm am Wochenende

Wochenenden sind anders. Gut so, denn sie sollen ja eben ein Kontrastprogramm zum Alltag sein. Wer morgens seinen Papi gar nicht sieht, weil der längst in der Arbeit ist, schaut ihm am Wochenende fasziniert beim Rasieren zu. Wenn unter der Woche jede Minute geplant ist, dann ist am Wochenende endlich mal Zeit für spontane Entscheidungen. Das Wetter ist schön? Dann nichts wie ab in den Tierpark! Genießen Sie zusammen mit Ihren Kindern diese freie Zeit! Und wenn die ganze Familie noch mittags in Schlafanzügen gewandet um ein Puzzle herum sitzt, dann ist das kein Anzeichen drohender Verwahrlosung sondern Entspannung pur, und genau dafür ist das Wochenende da.

ßen Nase auf eine Kartonseite und schneidet die Nasenöffnung mit Hilfe einer Schere aus.

Die Kinder stellen sich etwa drei Schritte vom Clown entfernt auf. Nacheinander darf jeder drei zu Knäuel zusammengelegte Sockenpaare in die Clownnase werfen. Die Treffer werden notiert. Die Kinder gehen nach jeder Wurfrunde einen Schritt weiter nach hinten.

Der treffsicherste Spieler wird beglückwünscht und erhält einen kleinen Preis.

Fotoerinnerungen

Gemütliches Zusammenkuscheln und Schmökern in alten Fotoalben ist immer schön, an verregneten Wochenenden aber ganz besonders.

Kinder lieben es, die alten Bilder immer wieder anzuschauen und dazu die längst bekannten, aber doch so wunderschönen Geschichten von damals zu hören. Ganz besonders interessant ist es, wenn Oma und Opa zu Besuch sind und ihre alten Fotoalben mitbringen. Die Geschichten von früher sind für die Kinder der beste Einstieg in die Geschichte, weil sie von den Großeltern spannende Dinge hören, wie viel z. B. ein Brötchen gekostet hat, welche Schule die Oma besuchte, welche Schwierigkeiten es mit den Lehrern von damals gab usw.

Die Spielhölle

Am Sonntagabend verwandelt sich das Wohnzimmer in eine Spielhölle. Jedes Familienmitglied lädt einen Freund oder

Aus-Zeiten

In einer Zeit, in der häufig beide Elternteile berufstätig sind und die Nachmittage der Kinder durch Hausaufgaben, Lernzeiten, Kurse und Neigungsgruppen verplant sind, verkümmert die Fähigkeit zum Zusammenleben in der Familie. Nicht selten sind Familien degradiert zu Essens- und Schlafgemeinschaften. Fernsehen und andere Medien verhindern noch zusätzlich, dass in den kurzen Zwischenzeiten Familienleben stattfindet.

Anders wird es dann am Wochenende. Plötzlich sind alle da. Man ist es gar nicht mehr gewöhnt, so viele Stimmen, so viel Krach zu ertragen. Rücksichtnahme auf die Bedürfnisse der anderen gibt es selten – nicht aus Bosheit wohlgemerkt, sondern einfach aus Unkenntnis der Interessen, Wünsche und Gepflogenheiten der anderen.

Darum ist es ganz wichtig, jedem Familienmitglied Freiräume zuzugestehen. Es müssen nicht alle das ganze Wochenende über alles gemeinsam tun, nur weil man erkennt, dass die eigene Familie vom Traumbild »Familie«, das man immer so vor Augen hatte, eigentlich doch recht weit entfernt ist. Gerade in Familien, die während der Woche nicht viel zusammen sind, ist es wichtig, dass jeder auch am Wochenende seinen Freiraum hat und bestimmte Zeiten nur für sich verbringen kann, ohne dabei ein schlechtes Gewissen zu haben.

Außerdem ist es in unserer Zeit besonders für Kinder wichtig zu lernen, sich allein und ohne das Fernsehen zu beschäftigen – oder auch einfach mal Langeweile zu haben.

eine Freundin ein, und dann wird gemeinsam gespielt. Natürlich dürfen auch die Gäste ihre Lieblingsspiele mitbringen. Bei der Gründung des Spieleclubs sollte man feierlich ausmachen, dass sich wirklich alle Spieler beteiligen, auch wenn mal ein Spiel dabei ist, das einem nicht so gut gefällt.

Die Alphabetjagd

Jeder Teilnehmer erhält einen Stift und einen Zettel, auf dem untereinander alle Buchstaben des Alphabets aufgelistet sind.

Sobald das Startzeichen gegeben wird, sprintet jeder los und schreibt zu möglichst vielen Buchstaben den Namen eines Objekts auf, das er im Haus findet, also vielleicht einen Anorak, einen Be-

sen, eine Dose Creme, einen Dosenöffner usw.

Nach fünf Minuten ertönt ein Signal, z. B. läutet der Küchenwecker, und die Teilnehmer eilen zurück zur Sammelstelle. Nun zählen alle nach, wie viele Dinge sie zu den Buchstaben gefunden haben. Wer die wenigsten Begriffe gefunden hat, darf sie als Erster vorlesen.

Würfel-Lotterie

Für diese Lotterie braucht man etwa 30 kleine Zettelchen, auf die man die Zahlen von eins bis sechs schreibt – also bei 30 Zetteln jede Zahl genau fünf Mal. Jetzt werden alle Zettelchen zusammengefaltet, gut gemischt und in einem Körbchen den Spielern »serviert«. Jedes Kind darf vier Zettelchen ziehen, auffalten und vor sich auf den Tisch legen. Dann beginnt das Spiel. Abwechselnd darf jeder einmal würfeln. Würfelt ein Spieler dabei eine Zahl, die auf einem seiner Zettelchen steht, darf er diesen Zettel allen Mitspielern zeigen, zusammenfalten und wieder in das Körbchen zurücklegen. Wer alle vier Zettelchen losgeworden ist, ruft »Fertig!« und hat gewonnen.

Achtung: Wer mehrmals die gleiche Zahl zieht, muss natürlich auch mehrmals diese Zahl würfeln.

Die Walnusssuche

Brauchen Sie einmal eine Stunde Zeit für sich? Mit diesem Spiel wird etwas daraus: Schleichen Sie, getarnt als Osterhase, im Haus herum und verstecken Sie genau so viele Walnüsse (Haselnüsse, Erdnüsse ...), wie der Monat Tage hat, also bspw. im Januar genau 31 Stück. Beschriften Sie die Nüsse zuvor mit Zahlen von 1 – 31! Eine Nuss liegt vielleicht

Nur du und ich

So schön es ist, in einer Familie zu leben und vieles gemeinsam zu unternehmen – so schön ist es auch, wenn man die Mama oder den Papa mal ganz für sich alleine hat. Da kann die große Schwester z. B. allein mit der Mama einen kleinen Einkaufsbummel machen, während der Papa vielleicht mit dem kleinen Bruder im Keller werkelt und eine Kinderzimmer-Alarmanlage bastelt.

unter der Fußmatte, eine liegt in der Seifenschale im Bad, eine im Vogelhäuschen auf dem Balkon usw.

Zur Walnusssuche nimmt jedes Kind ein Tütchen mit, um darin seine Beute zu sammeln. Irgendwann treffen sich die Sucher und legen ihre Nüsse nach den Zahlen nebeneinander aus. So weiß jeder sofort, wie viele Nüsse noch fehlen. Wer die Nuss mit der Nummer des Tages findet, am 17. Januar also die Zahl 17, hat besonderes Glück. Er bekommt ein kleines Geschenk, z. B. eine Tüte Gummibären, die er dann mit den anderen brüderlich oder schwesterlich teilt.

Fünf Minuten DJ

Jedes Familienmitglied darf für fünf Minuten seine persönliche Lieblingsmusik auflegen, und die anderen enthalten sich zynischer Bemerkungen. Egal ob die »Zillertaler Musikanten«, »Metallica« oder die fünfte Symphonie Beethovens, jeder lauscht andächtig und findet neben Respekt und Toleranz vielleicht sogar Gefallen an der einen oder anderen Musikkostprobe.

Stromausfall!

Vor einigen Jahren fiel bei uns für längere Zeit der Strom aus. Der Sturm tobte ums Haus, keine Lampe, kein Radio, kein Fernseher, und sogar der Herd tat keinen Mucks. Die ganze Familie schlug im Wohnzimmer ihr Lager bei Kerzen-

Stimmung!

Sollte es einmal passieren, dass die Atmosphäre durch irgendwelche Missstimmigkeiten auf den Nullpunkt sinkt, so können Sie mit einer »Witzeerzählrunde« meistens alles retten. Erzählen Sie ein paar Kinderwitze oder dumme Sprüche wie »Geht's den Hühnern einmal dreckig, werden ihre Eier eckig«, und animieren Sie ihre Kinder, selbst Witze oder dumme Sprüche zu erzählen.

Lustig dabei zu beobachten: Je mehr Witze erzählt werden, umso mehr Witze fallen den Kindern ein. Also nicht nach dem dritten Witz verzagen!

schein auf und wärmte sich am Kachelofen. Ein kleiner Gasherd wurde zum Mittelpunkt, teils als eine Art Lagerfeuer, teils als einziger Quell warmer Getränke. Man rückte zusammen, spielte im Kerzenschein Karten, genoss den warmen Kakao und kuschelte sich schließlich wohlig ins Familienbett.

Seit dieser Zeit gibt es ab und zu den Wunsch der Kinder auf »Stromausfall«. Ein ganz besonderes Ereignis, das alle Familienmitglieder einander näher bringt.

Taschenlampen-Drehen

Die ganze Familie sitzt im Kreis auf dem Boden um eine Taschenlampe herum. Es ist stockdunkel, und einer der Mitspieler beginnt, eine gruselige Gespenstergeschichte zu erzählen, z.B.: »Es war Mitternacht auf Schloss Schreckenstein. Als der letzte dumpfe Schlag der alten Turmuhr verhallte, öffnete sich von Geisterhand die Tür zum Verlies mit einem unheimlichen Knarren.« Der Erzähler macht solange weiter, wie er will. Meint er, dass nun ein anderer die Geschichte

Frische Luft

Sauerstoffmangel behindert die Gehirntätigkeit, die Kinder werden schlaff, müde und lustlos. Darum: die Zimmer auch bei schlechtem Wetter immer wieder gut lüften, kurze Turn- oder Entspannungsübungen bei offenem Fenster machen und, wann immer sich eine Gelegenheit bietet, mit den Kinder nach draußen gehen.

weiterspinnen sollte, dreht er die Taschenlampe. Derjenige, auf den der Lichtkegel dann zeigt, erzählt die schaurige Geschichte ein Stückchen weiter.

Kleine Minuten-Füller für zwischendurch

💛 Einer klatscht den Rhythmus eines allseits bekannten Kinderliedes. Die anderen raten, um welches Lied es sich handelt. Wer das Lied zuerst errät, gibt den nächsten Rhythmus vor.

💛 Papierserviettenduell: Bevor die nicht benutzten Servietten in den Papiercontainer wandern, kann man sie noch für ein Spiel benutzen und zwar so: Die Serviette wird ein wenig eingedreht, so dass ein dickes Zellstoffseil entsteht. Dann fassen zwei Spieler jeweils an einem Seilende an, zählen bis drei und ziehen an. Es gewinnt, wer entweder das ganze Serviettenseil erwischt oder doch zumindest das größere Stück erbeuten kann.

💛 Alle bauen gemeinsam einen Turm aus Spielkarten, Bierdeckeln, Würfelzucker, Pappbechern, Pfennigstücken oder Stiften.

9
Jetzt kommt Spaß auf den Tisch!

*G*emeinsame Mahlzeiten, zumindest am Wochenende, bedeuten für Kinder viel mehr als nur Nahrungsaufnahme. Sitzt die ganze Familie um den Tisch, tanken Kinder Geborgenheit. In gemeinsamen Gesprächen erfahren sie Respekt und Zuwendung. Weil das nicht nur schön, sondern für eine intakte Familie existentiell ist, bleiben alle noch ein bisschen sitzen, plaudern und spielen miteinander und genießen das Zusammensein.

Wo ist mein Platz am Tisch?

Wer wo am Tisch sitzt, ist keine unwichtige Sache. Am Wochenende darf mal jeder die Ausblicke von einem anderen Platz aus genießen. Damit es keine Unstimmigkeiten gibt, hier zwei Spiele zur »Platzverteilung«:

❤ Auf jedem Teller liegt ein Memorykärtchen. Die Partnerkärtchen dazu liegen auf einem Beistelltisch mit der Bilderseite nach unten. Jedes Familienmitglied nimmt sich ein Kärtchen, dreht es um und betrachtet das Bild

auf den Stuhl, der ihm am nächsten steht, und Papa setzt sich auf den einzigen leeren, der noch übrig ist.

Licht für Licht

Gerade in den dunklen Monaten des Jahres ist es ein sehr schönes Ritual, wenn auf dem gedeckten Abendbrottisch für jedes Familienmitglied und ggf. auch für jeden Gast eine Kerze bereit steht. Wer sich zu Tisch setzt, zündet sein Licht an und signalisiert damit allen anderen, dass er nun seine Aufmerksamkeit auf das gemeinsame Essen und alle anderen Familienmitglieder richtet.

genau. Dann setzt es sich an den Platz, wo das passende, gleiche Bild auf dem Teller liegt.

❤ Alle Familienmitglieder bis auf den Papa gehen langsamen Schrittes um den Tisch herum. Der Papa steht mit dem Rücken zum Tisch in einer Ecke des Zimmers und sagt irgendwann einmal: »Stopp!« Nun setzt sich jeder

Ein gelungenes gemeinsame Essen

❤ Nehmen Sie sich Zeit! Alle dürfen das gemeinsame Essen in Ruhe genießen. Jeder darf ohne Hektik und Unterbrechung sprechen und auch erwarten, dass ihm alle anderen zuhören.

❤ Das Essen wird besonders schön, wenn alle zu seinem Gelingen beitra-

Kinder-Kochabend

Kochen ist »in« und macht Kindern riesigen Spaß. Lassen Sie es zur Tradition werden, dass Ihre Kinder am Samstag oder Sonntag das Abendessen zubereiten.
Leihen Sie sich in der Bibliothek ein Kinderkochbuch aus. Darin findet man einfache und schmackhafte Gerichte.

gen. Auch ein Kleinkind kann schon die Tischsets ausbreiten, das Brot auf den Tisch stellen und ähnliche Aufgaben übernehmen.

♥ Kein Fernsehen! Gestatten Sie auch nicht, dass der Fernseher in einem anderen Zimmer läuft! Keine Radionachrichten während des Essens! Denn da vergeht auch Hartgesottenen oft der Appetit.

♥ Am Tisch dürfen sich alle unterhalten, lachen, singen und spielen, aber nicht streiten!

Das Tischgemälde

Der Tisch wird mit einem weißen Papiertischtuch bedeckt und sonst ganz normal gedeckt, bis auf jeweils etwa drei Buntstifte, die jedes Familienmitglied neben seinem Besteck findet. Weitere Aufforderungen erübrigen sich: Es darf gemalt werden! Dasselbe Tischtuch kann auch ein zweites Mal aufgelegt werden, aber so, dass nun jeder das Gemälde eines anderen Familienmitglieds

weitermalen kann. So ein Riesenbild muss natürlich zur gebührenden Bewunderung aufgehängt werden. Und wer das Gemälde nicht für die Nachwelt aufheben möchte, verwendet es als Geschenkpapier!

Ich kann, ich bin, ich habe ...

Ein nettes Spiel, wenn alle um den Tisch herum sitzen. Einer fängt an, den Satz »Ich kann ...« zu ergänzen. Das muss keinesfalls etwas Sensationelles sein. Die Sätze könnten lauten: »Ich kann Spaghetti kochen.« »Ich kann auf Englisch bis zehn zählen.« »Ich kann den Lukas schon allein wickeln.«
Variationen: »Ich bin ...« – »Ich bin acht Jahre alt.« »Ich bin seit zwei Jahren im Tischtennisverein.« » Ich bin schon im Feuerwehrauto gefahren.«
»Ich habe ...« Achten Sie darauf, dass es nicht zur »Materialschlacht« kommt im Sinne von: »Ich habe eine neue Playstation.«, sondern: »Ich habe keine Angst, wenn ich abends allein zu Hause bin.«

Mama, die Stimmungskanone

Alle Mamas sollten wissen, dass sie zwar einen schönen Rahmen für das gemeinsame Familienwochenende schaffen können, die Familienmitglieder aber selbst für ihre Stimmung verantwortlich sind. Mamas sind keine Entertainer, und ein gelungenes Wochenende ist immer eine Leistung aller Beteiligten.

»Ich habe schon mal im Preisausschreiben gewonnen.«

Zauberzucker

Ein Stück Würfelzucker wird mit einigen Tropfen Lebensmittelfarbe beträufelt und in die Mitte eines flachen Tellers gelegt. Mit einem Kännchen gießt man nun kaltes Wasser in den Teller. Was jetzt passiert, ist ein wunderschönes Farbenspiel, bei dem sogar sehr aufgekratzte Kinder ganz ruhig und andächtig zuschauen. Das Wasser bewirkt, dass sich der Zucker auflöst. Bereits gelöster Zucker zieht die Farbe mit und breitet sich dabei im Teller aus.
Wer möchte, kann mit einem Zahnstocher noch zusätzliche Muster in die Farbschlieren zeichnen.

Spielfamilie

»The family who plays together, stays together« heißt es in Amerika, und tatsächlich beweist sich dieser Spruch immer wieder. Familien, in denen oft gemeinsam gespielt wird, »spielen« auch im Alltag harmonischer zusammen. Machen Sie Ihren Kindern klar, dass es genauso wie in jedem Spiel auch im Familienleben »Spielregeln« gibt, an die sich alle halten müssen, bzw. die bei Nichteinhaltung Verärgerung der »Mitspieler« zur Folge haben.

Würfelspaß mit Musik

Ein Kind würfelt, so oft es möglich ist, während alle anderen ein allseits bekanntes Kinderlied, z. B.: »Hänschen klein«, singen. Alle Sechsen, die das Kind würfelt, während die anderen singen, werden gezählt und in Gummibären eingetauscht, sobald das Lied zu Ende ist. Ein einfaches, aber sehr spannendes Spiel, das überall durchführbar ist und kleine Kinder begeistert.
Tipp: Obwohl die Kinder für dieses Spiel keineswegs Zahlen kennen müssen, kann man natürlich auch statt mit einem »normalen« Würfel mit einem Farbwürfel spielen.

Klingklang

Nach dem gemütlichen Kuchenessen am Sonntagnachmittag bleiben alle Familienmitglieder noch ein bisschen am Tisch sitzen und spielen »Klingklang«. Ein Spieler schließt die Augen. Ein anderer schlägt mit einem Löffel sanft gegen einen beliebigen Gegenstand, der auf dem Tisch steht, z. B. gegen eine Tasse oder gegen den Deckel der Zuckerdose. Kann der »Blinde« am Klang erraten, um welchen Gegenstand es sich handelt?

Sonntagsessen mit Unbekannten

Wenn alle Familienmitglieder am Esstisch versammelt sind, wird ausgemacht, dass alle so tun, als hätten sie sich noch nie zuvor gesehen. Zuerst wird sich jede Person vermutlich vorstellen, den Namen, den Beruf nennen und etwas aus seinem Leben erzählen. Natürlich ist es auch erlaubt, in die Rolle einer bekannten oder berühmten Person zu schlüpfen, so dass dann vielleicht Harry Potter, Elisabeth II. und Madonna zusammen am Sonntagstisch sitzen.

Eine Minute der Besinnung

Es gibt nur noch wenige Familien, in denen vor dem Essen gebetet wird. Auch ohne Gebet ist es ein schöner Brauch, wenn alle, zumindest vor dem gemeinsamen Sonntagsessen, eine Minute Besinnungszeit einlegen. Jetzt kann z. B. ein Kind einen Spruch, ein Gedicht vorlesen, oder alle geben sich die Hände, danken dem Koch oder der Köchin für die Arbeit und wünschen sich einen guten Appetit. *Tipp:* An einem Sonntag im Monat wird die »Minute der Besinnung« all denjenigen gewidmet, denen wir dankbar sind. Das können Menschen in unserer Umgebung sein, wie die Nachbarin oder der Busfahrer, aber auch Menschen, die wir gar nicht kennen und durch die unser Leben besonders schön, sicher oder bequem wird: der Polizist, der in seinem Streifenauto durch den Ort fährt, der

Fernfahrer, der endlich die neuen Spielplatzgeräte liefert, die Straßenarbeiter,
die gerade die Schlaglöcher vor dem
Schulhaus beseitigen ...

Das Käsegebilde

Heute wird der Käse einmal ganz anders serviert, nämlich in Form eines gi-
gantischen, höchst künstlerischen Käse-
gebildes.

Aber vor dem Aufessen steht die Arbeit
– hier jedoch eher das Spiel: Ein Stück
mittelweicher Käse, z. B. Tilsiter, wird in
gleich große Würfelchen geschnitten.
Diese Würfel werden nun mit Salzstan-
gen zusammengefügt. Ausbauen kann
man in alle Richtungen, so dass am Ende ein imposantes Gebilde entstanden
ist, das gleichzeitig als Dekoration in
der Mitte des Esstisches alle Aufmerksamkeit auf sich (und den kleinen Künstler) lenken wird.

Hunger von A – Z

Ein Spiel für das gemeinsame Abendessen:
Einer beginnt und sagt vielleicht: »Ich
esse einen Apfel.« Der nächste sagt:
»Ich esse einen Apfel und ein Brötchen.«
Der dritte im Bunde wiederholt die An-
gaben und fügt etwas Essbares mit dem
Anfangsbuchstaben »C« hinzu, also:
»Ich essen einen Apfel, ein Brötchen und
eine Cremeschnitte.« So wird weiterge-
futtert, bis schließlich der eine oder andere ausscheidet, weil ihm kein Begriff
in der Reihe einfällt. Wer aber die längs-
te Zeit, vielleicht sogar bis »Zwiebel-
wurst« durchhält, gewinnt das Spiel.

Das Spätstück

Kinder lieben Pfannkuchen, Omelettes und »Arme Ritter«. Wer keine Zeit für ein ausgiebiges Sonntagsfrühstück hatte, holt es einfach als »Spätstück« am Abend nach. Ein Genuss für die ganze Familie.

Blindbau

Einem Spieler werden die Augen verbunden. Seine Aufgabe besteht nun darin, aus den Bauklötzen, die vor ihm auf dem Tisch liegen, einen möglichst hohen Turm zu bauen.

Einfach ist das nicht und sogar für die Zuschauer äußerst spannend, weil der Bauherr bzw. die Baudame nur eine Minute Zeit hat, das Werk zu erschaffen.

Familien-Kreiseln

Der Kreisel wird angedreht, und der erste Spieler rennt so schnell es geht bis zur Küchentür und wieder zurück zum Kreisel. Dreht der sich immer noch, gilt das Spiel als gewonnen.

Alle anderen wollen natürlich auch unter Beweis stellen, dass sie die Strecke zurücklegen können, bevor der Kreisel umfällt.

So versucht man, immer schwierigere Handicaps zu überwinden, z. B.: Wer schafft es, seine Schuhe und seine Socken auszuziehen, bevor der Kreisel kippt? Wem gelingt es, jedem Familienmitglied einen Kuss zu geben, solange sich der Kreisel dreht?

10.
Vier Wochenenden bis Weihnachten

*D*ie vier Wochenenden vor Weihnachten haben ihren ganz besonderen Charme. Zu keiner Zeit im Jahr werden so große Erwartungen an ein gemütliches Zusammensein in der Familie gehegt wie gerade jetzt.
Die nächsten Seiten sind rappelvoll mit Adventsspielen und Ideen für gemeinsame Unternehmungen. Suchen Sie ein Spiel aus, das allen Familienmitgliedern Freude macht. Kommt dabei aber spontan eine neue Spielidee oder ein Gespräch zustande, so vergessen Sie das weitere Programm.

Das Adventspuzzle

Am ersten Sonntag im Advent bekommt die ganze Familie ein neues Super-Riesenpuzzle mit dem Auftrag, es bis zum Heiligen Abend fertigzustellen. Das Puzzle wird auf einem extra Tisch ausgelegt, der in einer Ecke der Wohnung steht. Dort stört das halbfertige Werk nicht und ist vor wilden Kinderspielen und neugierigen Katzenpfoten sicher. Wer immer Lust und Zeit hat, darf ein bisschen weiter puzzeln und sich darüber freuen, wie das Familienwerk von Tag zu Tag wächst.

Der Zauberzweig

An einem Morgen Ende November findet das Kind vor der Haustür einen Tannenzweig. Sieht eigentlich harmlos aus, aber dieser Zweig hat es in sich! Vorsichtig wird er im Kinderzimmer in eine Vase gestellt oder mit einem Bändchen an der Zimmerdecke oder einer Vorhangstange befestigt. Und jetzt heißt es »abwarten und staunen«. Bereits am Morgen des 1. Dezembers beginnt das Wunder. Ein kleiner Strohstern hängt am Zweig! Irgendwie ist der in der letzten Nacht dorthin geraten. Am nächsten Morgen hängt neben dem Strohstern eine winzige, schillernde Kugel und am übernächsten hat der Zauberzweig schon drei Anhänger! So geht das immer weiter, bis am Tag des Heiligen Abends tatsächlich 24 Anhänger den Zauberzweig schmücken. So etwas passiert eben nur in der verzauberten Adventszeit!

Das Weihnachtskomitee

Ein kalter, dunkler Novembersonntag ist der geeignete Tag, die ganze Familie um den Tisch zu versammeln und das Weihnachtskomitee zu gründen. Da gibt's viel zu besprechen, deshalb: mitschreiben nicht vergessen!

Wie sollte das nächste Weihnachtsfest begangen werden? Welche Vorstellungen haben die einzelnen Familienmitglieder? Gibt es in der Vorweihnachtszeit ein Projekt, z. B. von der Kirche aus, bei dem die Familie mitmachen kann? Wem schicken wir Weihnachtsgrüße? Kaufen wir die Karten, oder basteln wir sie selber? Es ist bekannt, dass das Fest umso besser gelingt, je mehr die einzelnen Familienmitglieder sich selbst einbringen. Jeder darf sich seine Lieblingsaufgaben aussuchen: Eine stellt Geschenkpapier her, ein anderer wird den Weihnachtsbaum besorgen usw.

Stellen Sie eine Liste der Aufgaben zusammen, und lassen Sie jedes Familienmitglied neben den übernommenen Aufgaben unterschreiben! Hängen Sie die Liste gut sichtbar an eine Pinnwand oder mit Magneten an die Kühlschranktür!

Vielleicht hat das Gespräch über die Weihnachtsvorbereitungen die Familie auch angeregt, gleich etwas zu basteln. Das wäre bestimmt ein schöner Ausklang für den Sonntag!

Das Mitnehmsel

Winzige Überraschungen für große und kleine Gäste, die in der Weihnachtszeit zu Besuch kommen, werden an einem weihnachtlich geschmückten Geschenkbäumchen oder an einem großen Tannenzweig, der in einer Bodenvase steckt, bereitgehalten. Jeder Gast darf sich ein Geschenk vom Baum pflücken und mit nach Hause nehmen.

Was drinnen ist? Selbst hergestellter Schmuck für den Weihnachtsbaum z. B., Kerzen, Lebkuchen und Plätzchen, goldfarbene Stifte zum Schreiben der Weihnachtspost oder weihnachtliche Süßigkeiten.

Was bringt der Weihnachtsmann?

Ein Spieler verlässt den Raum. Die anderen stecken ihre Köpfe zusammen und beraten, welche Gemeinsamkeit

alle Begriffe haben sollen, die der Nikolaus bringt. Möglich wäre z. B.: Alle Begriffe bestehen aus einer Silbe, also: Stern, Zweig, Keks ...; beginnen mit dem gleichen Buchstaben, z. B. Mandarine, Marzipan, Mandeln ...; haben gleich viele Buchstaben, z. B. Kerze, Stern, Flöte.

Jetzt wird der Rater wieder ins Zimmer gerufen. »Was bringt der Weihnachtsmann?«, fragt er die anderen, und jeder nennt ihm einen Begriff: Trommel, Kamm, Haarklammer, Gummiring, Kümmel. Ob der Rater wohl diese Gemeinsamkeit erkennt?

Gefüllte Überraschungsnüsse

Ein Adventskalender der besonderen Art. Die Herstellung ist ein bisschen zeitaufwendig, aber der Anblick und der Spaß mit den Überraschungsnüssen ist die Mühe wert!

24 Walnüsse werden so geknackt, dass die einzelnen Hälften ganz bleiben. Den Nussinhalt schabt man vorsichtig mit einem Messer aus den Schalen. Nun wird auf 24 kleine Zettelchen je eine Überraschung geschrieben. Diese Zettelchen, ganz klein zusammengefaltet, kommen in jeweils eine Nuss. Anschließend klebt man die Nussschalen wieder aufeinander, und wer will, besprüht sie noch mit Goldfarbe.

Jeden Tag darf ein anderes Familienmitglied eine Nuss aussuchen, knacken und die Überraschung, die ja für die ganze Familie ist, vorlesen.

Das Weihnachts-Memory

Alle sammeln im Haus lauter kleine Dinge, die typisch sind für die Vorweihnachtszeit – z. B. eine Tannenbaumkerze, eine Marzipankartoffel, eine Wunderkerze, ein Stück rotes Band. Je mehr Schätze zusammenkommen, desto spannender das folgende Spiel: Alles wird auf einem Tisch ausgebreitet. Jeder Teilnehmer versucht sich einzuprägen, was wo liegt. Dann werden alle Dinge mit Servietten zugedeckt. Jetzt beginnt der jüngste Spieler, zeigt auf eine Serviette und sagt z. B.: »Unter diesem Tuch liegt ein Plätzchen!« Danach deckt er das Tuch auf. Liegt das Plätzchen darunter, darf er es einkassieren. Wenn nicht, bleibt der aufgedeckte Gegenstand auf dem Tisch liegen. Gewinner ist, wer im Laufe des Spiels die meisten Schätze eingesammelt hat.

Überraschung in Weihnachtssocken

Im Zimmer wird eine Leine gespannt. Etwa zehn große Socken werden mit je einem anderen weihnachtlichen Gegenstand gefüllt, z. B. Ausstechförmchen, Kerze, Tannenzweig. Die gefüllten Weihnachtssocken werden nun mit Hilfe von Wäscheklammern an die Leine gehängt, und dann geht's los:

Die Spieler haben drei Minuten Zeit, den Sockeninhalt vorsichtig abzutasten und sich gut einzuprägen, was ihrer Meinung nach in welchem Socken versteckt ist. Dann setzen sich alle auf ihre Plätze und notieren auf einem Zettel, was sie in welchem Socken ertastet

haben, bspw. »Erster Socken: Walnuss, zweiter Socken …«

Anschließend werden die Socken vor aller Augen geleert, und wer die meisten Dinge richtig ertastet hat, erhält einen kleinen Preis.

Das Eichhörnchen

Auf dem Tisch liegen viele verschiedene Nüsse. Ein Familienmitglied verlässt den Raum, und die anderen wählen inzwischen ein Exemplar zur »verbotenen« Nuss.

Jetzt ruft man das »Eichhörnchen« zurück ins Zimmer. Es darf Nuss für Nuss einsammeln, bis es die »verbotene« Nuss berührt. Sofort schreien alle: »Stopp!« Die bisher erbeuteten Nüsse behält das jeweilige Eichhörnchen. Dann werden die Nüsse auf dem Tisch wieder ergänzt, und das nächste Familienmitglied wird vor die Tür geschickt.

Das Adventstagebuch

Alles, was so in der Adventszeit und an den Weihnachtsfeiertagen passiert, wird in einem extra dafür angelegten Büchlein notiert. Da steht dann z. B. drin, wer wann zu Besuch kam, und die Autogramme der Besucher findet man gleich auf derselben Seite. Weihnachtskarten können in das Büchlein geklebt werden, die Eintrittskarten vom Weihnachtskonzert usw.

Am besten bindet man das Büchlein gleich mit weihnachtlichem Geschenkpapier ein. Wer will, notiert auch, welche Geschenke man wem in diesem Jahr gemacht hat. Das ist als Anregung im nächsten Jahr ganz nützlich, und man vermeidet auf diese Weise peinliche Wiederholungsgeschenke.

Auch nach dem Fest wird das Büchlein noch nicht weggelegt. Jetzt notiert man bspw., was es an Weihnachten zu essen

Alles Deko

Kinder haben das größte Vergnügen, wenn sie Plätzchen verzieren dürfen. Sollten Sie also keine Zeit haben, selbst Plätzchen zu backen, so ist das für Kinder kein großes Problem. Kaufen Sie fertige, möglichst große Kekse, und lassen Sie die Kinder die Kekse mit Zucker- oder Schokostreusel, verschiedenfarbigem Guss, silbernen Liebesperlen, gehackten Pistazien oder Haselnüssen verzieren.

gab, klebt ein Foto vom Weihnachtsbaum dazu und vielleicht noch welche von den Kindern mit den jeweiligen Lieblingsgeschenken. So entsteht ein kleines, ganz individuelles Familientagebuch, mit dessen Hilfe man sich noch nach Jahren ganz genau an diese Adventszeit erinnern wird.

Anhänger zum Aufessen

Fertige, große Plätzchen werden mit Namen von Familienangehörigen und Freunden beschriftet (fertige Zucker-

schrift gibt es im Supermarkt), in Zellophanpapier gepackt und mit hübschen Bändchen an den Geschenken befestigt.

Duftplätzchen

Dünnschalige Orangen und Mandarinen werden so geschält, dass möglichst große Schalenstücke entstehen. Die drückt man auf dem Tisch noch ein bisschen platt, und dann darf das Kind mit einer kleinen Ausstechform aus Metall kleine Plätzchen ausstechen. Diese Duftplätzchen legt man als Dekoration auf den Plätzchenteller und freut sich an dem frischen Duft, der noch tagelang durch die Wohnung zieht.

Tipp: Immer zwei Duftplätzchen mit den weißen Seiten aufeinander kleben und mit dünnen Bändchen im Zimmer aufhängen.

Weihnachts-Kühlschrank

»Tapezieren« Sie Ihren Kühlschrank mit den eingegangenen Weihnachtskarten. Die Karten werden mit Magneten oder Klebestreifen an der Kühlschranktür befestigt. Auf diese Weise sieht jedes Familienmitglied gleich, welche neuen Karten angekommen sind, und die bunten Bilder bringen in die Küche ein bisschen Weihnachtsflair.

Nachbarschaftshilfe

Helfen Sie mit Ihren Kindern einem älteren Nachbarn bei der Dekoration seines Hauses und beim Illuminieren des Christbaums vor der Haustür. Nicht vergessen: Derselbe Mensch wird beim Abräumen und Verpacken der Lichter natürlich auch dankbar sein für jede Hilfe.

Es war einmal . . .

Weihnachten und Geschichten erzählen, das gehört irgendwie zusammen. Ganz besonders toll ist es natürlich, wenn die Eltern, Großeltern und andere Verwandte selbst erlebte Geschichten erzählen, wie sie z. B. vor vielen Jahren, als sie selber noch Kinder waren, das Weihnachtsfest feierten.

Das Besondere an diesen Erzählungen: Die schönsten Erinnerungen haben gar nichts mit Wohlstand zu tun. Im Gegenteil: Je schlichter und karger das Fest und natürlich die Erwartungen, umso schöner sind die Erinnerungen.

Die Leute aus Schrumpelhausen

Lustige Leute und seltsame Tiere werden aus Rosinen und kurzen Stücken von Zahnstochern hergestellt. Die Zahnstocher dazu einfach in kurze Stücke zerbrechen und in die Rosinen stecken. Wer will, kann den schrumpeligen Leuten noch Kleider, Hüte und Schals aus winzigen Stoffresten oder Seidenpapier

»schneidern«. Gesichter werden mit weißem Zuckerguss oder gekaufter Zuckerschrift auf Mensch und Tier gemalt.
Tipp: Schneemänner lassen sich prima aus Marshmallows basteln.

Schneeplätzchen

Pappschnee auf einer festen Unterlage glatt klopfen und mit den Ausstechformen in Sterne, Tannenbäumchen und Herzen verwandeln. Mit Vogelfutter bestreut werden die Plätzchen den hungrigen Vögeln serviert.

Leuchtbild

Wenn draußen der erste Schnee gefallen ist, ziehen alle am Abend gemeinsam hinaus und stellen viele, kleine Teelichter zu einem Motiv in Schnee. So könnte man z. B. einen liegenden Schneemann darstellen, einen Stern, einen Engel, eine riesige Lichtspirale, oder man umkränzt den Fuß vom Lieblingsbaum im Garten mit den Lichtern. Wenn dann alle Kerzen angezündet werden, sieht das wunderschön weihnachtlich aus.
Tipp: Den Platz für das Leuchtbild so aussuchen, dass es vom Kinderzimmerfenster aus auch noch zu sehen ist!

Die Lichtpyramide

Viele Schneebälle werden zu einer Pyramide aufeinander gesetzt. In einige Schneebälle wird eine Vertiefung ausgekratzt und ein Teelicht hinein gestellt. Jetzt nur noch die Lichter anzünden und staunen!

Überraschung auf dem Weihnachtsspaziergang

Ein netter Brauch: Ein Geschenk liegt nicht unter dem Weihnachtsbaum, sondern muss erst auf dem Weihnachtsspaziergang im Wald oder im Park gesucht werden!

Das motiviert auch größere Powerkids, die mit Weihnachtsspaziergängen eigentlich nicht viel im Sinn haben, sich mit Freude der Familie anzuschließen. Und wer weiß, vielleicht findet der eine oder andere sogar bleibenden Spaß an diesen Familienunternehmungen an frischer Luft.